ドラッカーが教える最強の経営チームのつくり方

トップマネジメント株式会社
代表取締役
山下 淳一郎

SOGO HOREI PUBLISHING CO., LTD

はじめに

この本を手に取っていただき、ありがとうございます。心より感謝申し上げます。ご縁。あなたの中にある何かがこの本をあなたに差し向けた――そんなご縁かもしれません。

ドラッカーは『現代の経営』の中でこう言っています。

「その範囲、必要とされているスキルと気質、仕事の種類において、トップマネジメントの仕事は一個人の能力を超える。経営書や組織論が何といおうとも、優れた経営を行っている企業にワンマンはいない。それらの企業はＣＥＯのチームをもつ。」

経営の仕事は、一人の人間が持てる能力を超えるものだから、経営の仕事は社長一人でできないということです。

今、全国各地で経営に関するセミナーや勉強会がさかんに行われています。その内容のほとんどが「社長一人でがんばれ」というものです。しかし、それは、社長を苦しい方向へ、そして失敗する方向へ追いやっています。

ドラッカーは「机の上で理論を考えた人」ではなく、「**現場の中で現実を見てきた人**」です。ファーストリテイリング会長の柳井正氏をはじめ、成長している企業の経営者の多くはドラッカーの言っていることを実践しています。ドラッカーが時代を超えて色褪《あ》せないのは、「一時的な理論」ではなく、「**普遍的な現実**」を言っているからです。だから、実際に成果があがるのです。

私は以前、ある会社で経営チームの一人として仕事をしていました。当時の経営チームの一人ひとりは皆優秀な人たちばかりでした。一人ひとりが、今以上に成果をあげようと、骨身を削って全力で仕事にあたっていました。しかし、それぞれが日々の仕事をこなすことに精一杯で、思うような成果をあげることはできませんでした。

事業として成功したにも関わらず、その後、事業は成長する力を少しずつ失っていきました。経営チームのメンバーの誰かが大きな失敗をしたわけではありません。事業が停滞した理由は、経営陣がチームになっていなかったからです。そんな経験から、私は「**経営陣は一枚岩のチームであってほしい**」という一心で、コンサルティングの仕事をしています。

将来にわたって会社を発展させていくためには、数人で力を合わせて経営にあたらなければなりません。複数の人間が共通の目的のもと、成果をあげるためになくてはならないものは何か。それがマネジメントです。

「マネジメント」というと指示命令をして部下を動かすことを思い浮かべる人が多いかもしれません。しかし、上が指示命令をしなくてもいいようにすることがマネジメントです。

経営学と経営は違います。本書は「経営学の本」ではなく「**経営（者）の本**」です。学説ではなく現実を描いています。本書の目的は、より多くの企業がチームによる経営を確立して、繁栄し続けていただくことです。本書の内容は、「理論を知るためのもの」ではなく、「**現実を変えるためのもの**」です。一人ではできない経営の仕事を、チームの仕事として成り立たせることに焦点を当てています。

この本に書かれていることを実践すると、御社のお客様はさらに増え、長期にわたって繁栄していくことが可能になります。本書を通じて、御社の力が最大限に発揮されることを願っています。

２０１６年１月吉日　山下淳一郎

目次

CHAPTER 7

第7章　これが、経営チームの仕事

装丁　小松学（ZUGA）
本文デザイン　飯富杏奈（Dogs Inc.）
本文DTP　横内俊彦
カバー写真　ZUMA Press／アフロ
編集協力　山中勇樹

CHAPTER1

第1章
経営は一人では不可能

「ごくごく小さな事業を除くあらゆる事業において、CEO の仕事は、一人の仕事として組み立てることは不可能だということである。」(『現代の経営』)

—1—

事業が成長しない根本的な原因は何か

伸びた事業が今は低迷

あらゆる手を尽くした――。

勢いに乗って急速に伸びた事業は、今すっかり低迷している……。新しい事業もスタートしたが、目に見える伸展はない……。

会議は私がいなければ何も決まらない。意思疎通は混乱し、決めたことが実行されない……。気がつけば、現場の仕事に口を出すことが日課になっている……。よかれと信じて行う改革にいちいち抵抗が起こり、毎日社内調整に追われている……。

組織を整理したが、私のメッセージが社員に届かなくなった……。それどころか、自分が言ってもいないことが社員に伝わっている……。右腕だったベテランも辞め、稼ぎ頭だった幹部も退職してしまい、上昇気流に乗ったときの熱気は見る影もない……。

ボードメンバーはお互いの考えを確認し合う時間がなく、意見がまとまらない……。4人の取締役は、それぞれ自分の担当事業に日々追われ、会社全体を見ているのは私一人だ……。


これは、ある企業の社長とお会いしたときに聞いた言葉です。その社長は次にどんな手を打つべきかなどについてはわかっています。だから私はあえて何も言わず黙ってお話を聞いていました。

一度でき上がってしまった既定路線に改革を加えることは簡単ではありません。改革とは、その既定路線を力ずくで破壊する行為だからです。

事業の成長と組織の成長に欠かせないものは何でしょうか。のちに私がその社長にお話ししたことと、その社長が取り組んだ具体的な内容をこれからみなさんにお伝えします。

こうして事業は行き詰まる

多くの企業では、名刺に「取締役」と書いてあっても、経理出身の取締役は相変わらず電卓を叩き、営業出身の取締役は相変わらず営業に走り回っています。なぜ、取締役が取締役としての仕事を担ってくれないのでしょうか。

取締役になった人々は、一つの分野で際立った成果をあげた結果、経営陣の一員に昇格した方々です。しかし、これまで経験を積んできた現場の仕事と会社全体をマネジメントする仕事はまったく異なります。ゆえに、取締役になった人々も経営の仕事にどうあたっていいかわからないのです。

加えて、取締役の多くは「取締役兼○○本部長」といったように、一つの部門の責任者を兼任しています。ゆえに取締役は自分が担当する部門の仕事に追われて、会社全体を大局的に見れないのが現実です。かく言う私もそうでした。

その結果、「会社全体を見ているのは社長一人だけ」という状況になってしまいます。社長一人で社内のすべてを見渡し、社長一人ですべての業務を把握し、社長一人ですべてを検討し、社長一人ですべての社員に指示命令を出して組織全体を動かしていく——。

そんな状態を続けてしまえば、事業は必ず行き詰まってしまいます。

成長する企業、成長しない企業の違い

ドラッカーは、『現代の経営』でこんな事例を紹介しています。

「企業の経営の良し悪しを判断する目安を探せ――」

これは、ある銀行が融資の調査部門に出した課題で、「成長する企業と成長しない企業の違いを見つけ出せ」というものです。銀行は融資をするかしないかを決めるために、その企業がこれから伸びるかどうかを見極めなければなりません。それは銀行にとって重要な課題であると同時に、難しい課題でもありました。

なぜなら、利益があがっているからといって良い経営を行っているとは限らないからです。たとえば、新しい商品やサービスの開発に投資をしていなかったり、優れた人材の採用や人材の育成を行っていなかったり、人員の数を減らしたりして、出ていくお金を抑えることで利益を出している状態かもしれないからです。

これは、将来に向けて必要な投資を渋って会社に損害を与えています。たとえ黒字であ

ったとしても、今日の黒字が明日の赤字を生むような経営はけっして良いとは言えません。反対に、今は利益をあげていなくても、長期にわたって取り組んできた新しい商品やサービスの開発が実り、大きな成果を得る直前かもしれません。

このように、利益があがっているからといって必ずしも良い経営とは言えませんし、利益があがっていないからといって悪い経営とも言い切れません。収支の数字だけでは経営の良し悪しを一概に判断できないのです。まさに、経営の良し悪しを判断する目安を見つけ出すことは難題でした。

この調査部は、膨大な数の企業を調べた結果、一つの目安を発見しました。それは誰もが予想しないものであり、またどんな経営の本にも書かれていないものでした。事実、この発見によって、この銀行の融資の成績は目に見えて良くなっていきました。それは、調査によって見つけた目安を基準に、融資するかしないかの判断を行った結果でした。

調査部が見つけた目安とは次のようなものでした。

「社長の報酬が他の経営メンバーと大きな開きがある企業は経営状態がかなり悪く、逆に、社長の報酬が他の経営メンバーとあまり変わらない企業は経営チームの仕事ぶりや士気が優れていることが多い」

これは、報酬の差が「主従関係のもと、主君の指示に従う家来」と「**協力関係のもと、自らの意思で働く同志**」の違いを生んでしまうということです。伸びる会社は経営メンバーに肩書きの違いはあっても水平的な協働があります。これは大企業に限らず、成功している中小企業にもまったく同じことが言えました。

「一人の考えだけで組織を動かしている状態」と「**数人の協力によって組織が動いている状態**」、その違いが企業の成長を決定づけるのです。

POINT

●社長一人で経営を仕切れば、事業は必ず行き詰まる。

●優れた経営が行なわれている会社は、経営チームが協力して経営にあたっている。

—2—

経営者が問題を見誤るのはなぜか

事業は社長の限界を超えて成長する

会社をスタートさせたばかりで、社員の数が少なく組織も小さなうちは、社長が自分の考えを直接社員に語り、自分の姿を見せると同時に、「ああやってくれ」とか「こうやっておいてほしい」と指示を明確にしていれば、会社は何とか動いていきます。社長自ら社内の隅々に顔を出し、多くの社員と話をすることができるからです。また、社員と食事をする機会を頻繁に持つこともでき、仕事の話はもちろん、趣味や家族の話、今抱えている悩みなどを直接聞いたりして、お互いの理解を深めることができます。会話があれば、そこに心のつながりが生まれます。

計画の大きな変更を突然言ったとしても、社員は社長の真意を理解してくれます。それは、日ごろのコミュニケーションを通じて、社員は社長が日ごろ何を考え、何を目指しているかをよく理解しているからです。

しかし、事業が成功し、社員の数も100人、200人と大きな組織になると、社長は社員と密なコミュニケーションをとれる機会が少なくなります。直接話をするのは一部の幹部だけに限られてきます。社員からすれば社長の顔が見えなくなり、社長の考えを理解できなくなります。逆に社長からすれば、自分のメッセージが首尾一貫した明快なものであっても社員に届かなくなり、現場の実態が見えなくなっていきます。

このように、事業は社長の限界を超えて成長していきます。

トップは自分の考えを共有させなくてはならない

事業の方針を伝え、目標を明確にし、「**わが社はこういう場合、こういうふうに考えるのだ**」ということを理解しておかないと、組織はうまく動かなくなります。組織で事業を進めている以上、考え方の共有は不可欠であり、組織内に不協和音があったら事業は前へ進みません。

組織が大きくなり、トップが社員と直接言葉を交わす機会がなくなれば、そこから誤解や憶測が生まれやすくなります。

したがって、トップは忍耐強く同じメッセージを繰り返し、繰り返し、発信し続けなければなりません。言ったことを聞いてもらうだけでなく、信じてもらわなければなりません。そして、理解してもらうだけでなく、共感してもらわなければなりません。

経営者の仕事は気が遠くなるほど広く、その内容は多岐に渡ります。目指す旗印を打ち立て、それに向かって事業を推し進めることが得意な社長は、人事制度の構築や管理系の仕事は苦手なものです。逆に、管理系出身の社長は、会社の将来像をありありと描き、それに向かって改革を推し進める種類の仕事は不得手なものです。

まさに、本書の「はじめに」で紹介した、「その範囲、必要とされているスキルと気質、仕事の種類において、トップマネジメントの仕事は一個人の能力を超える」というドラッカーの言葉どおりなのです。

事業の成長段階ごとの経営課題

人間は「少年期」「青年期」「成年期」「壮年期」といった人生のステージごとに、必要なもの、行うべきことが変わっていきます。同じように、会社も事業の成長段階によって、経営課題がどんどん変わり、必要なものが変わっていきます。

会社の成長は、大きく4つの段階に分けて考えることができます。4つの段階とは、①**「事業を立ち上げたとき（創業期）」**、②**「事業が成功したとき（成長期）」**、③**「事業を進化させるとき（成熟期）」**、④**「事業を根本から見直しするとき（変革期）」**です。

どんなときに、どんな課題があるのかをこれからお伝えします。

①事業を立ち上げたとき（創業期）

創業期とは、立ち上げた事業が市場に受け入れられる時期のことです。いわばボートで大海原に飛び出したような状態です。創業期に経営は要りません。創業期の成功を決めるのは経営力ではなく営業力です。

かといって、営業力を頼みに事業を運営し続けていると、のちに理解できない苦境に立たされます。トップ一人で仕切り続けない準備が必要です。

②事業が成功したとき（成長期）

成長期は、軌道に乗った事業が利益を得る時期です。ボートがヨットになり、帆を張っていれば風向きによっては悠々たる航海も夢ではないかのように思えます。事業の立ち上げに成功したあとの成長期を左右するのは、営業力ではなく経営力です。創業期に要らなかった経営力が必要になってきます。事業の成長がトップ一人でマネジメントできる限界を超えたとき、トップ一人で仕切っていれば、かつての夢は心の陰に姿を潜め、苦しさだけが迫る状態に陥ってしまいます。

この時期は、経営をチームで運営していくことがトップの主たる仕事です。経営チームを持たなければ創業期に逆戻りします。詳しくはのちほどお伝えします。

③事業を進化させるとき（成熟期）

成熟期は、市場が変わったり、競争の激化によって事業が減速する時期です。事業の成長はボートが戦艦になるのと同じです。同じ船でもボートと戦艦では操蛇の勝手が変わります。成長する会社はその勝手を変えていきます。

この時期は、社会の変化に備えて、「顧客の声」と「顧客の声なき声」を事業に反映させるために先手を打っていくことが経営チームの主たる仕事です。

④事業を根本から見直しするとき（変革期）

変革期とは、これまで通用していた考え方ややり方が通用しなくなる時期です。事業は、社会の変化によって陳腐化し、その実効性を失います。したがって、戦艦のモデルチェンジが必要です。旧タイプのままでいれば、嵐にのまれるか、機能不備で沈没するかのどちらかです。

この時期は、事業を新しい次元に進化させることが経営者の仕事です。

ここでお伝えしたいことは、会社の成長の4段階、一つひとつの詳しい内容ではなく、前述したように、事業の成長段階によって経営者の仕事がまったく変わってくるということです。

ところが、誰かが「御社は明日から成長期です」とか、「御社は来月から変革期なので準備してください」と言ってくれるわけではありません。いつの間にか潮目が変わり、気がつかないところで、今の漕ぎ方が不適切なものになり、思わぬ方向へと漂流していきます。百戦錬磨の優れた社長であっても、迷いが生じるのは当然です。一方、世の中にはさまざまな経営手法があります。それがどんなに良い手法であっても、事業の成長段階に合っていなければ成果はあがりません。

事業が一定の時点から成長しない根本的な理由

本章の冒頭で、軌道に乗った事業が急速に成長し、見通しも明るく、これからさらに伸びるであろうというときに苦境に遭遇したある会社の事例を紹介しました。トップは事業の新しい展開を見通し、その展開に備えて力の限りを尽くし、多くの困難を突破してきました。ところが、思わぬ苦境に遭遇し、事業は低迷してしまいました。

事業がある一定のところから成長しない根本的な原因はどこにあるのでしょうか。

ドラッカーはこう言っています。

「まさに確立した事業体として成功し成人したかに思われたそのとき、理解できない苦境に立つ。製品は一流、見通しも明るい。しかし事業は成長しない。収益や財務体質などの面で成果があがらない。原因は常に同じである。トップマネジメントの欠落である。企業の成長がトップ一人でマネジメントできる限界を超えた結果である。」（『イノベーションと企業家精神』）

ワンマン経営は必ず破綻します。ファーストリテイリング会長の柳井正氏は、ワンマン経営についてこう言っています。

「頭は俺だから、手足をやれ！　という具体だ。そして、自分が手足時代から一歩も先に出ない発想を繰り返して、どんどん経営レベルを貧困化させていく。ワンマン経営は、上手くいっているときには最大の効果を発揮するが、時間がたつと必ずつけがまわってくる」

そのつけは、とてつもなく大きなつけです。そのつけをドラッカーはこう言っています。

「実際にはそのときすでに適切なチームがなければ手遅れである。生き延びることで精一杯になる。たとえ生き延びたとしても、不治の機能不全に陥るか少なくとも数年は出血が止まらない。士気は衰え、従業員は幻滅し、熱気を失われる。」（『イノベーションと企業家精神』）

本章の冒頭で紹介した「伸びた事業が今は低迷」がまさにそのつけの典型的なケースです。そのつけが身に起こったとき、社長はその現状を打開するために経営を学びはじめます。しかし、自分一人でマネジメントできる限界を超えて事業を成長させた社長を待ち構えている教えは、「社長一人でがんばれ」というものです。そんな社長に私は、「**社長一人でがんばらないでください**」と強く訴えたい気持ちになります。

野球にたとえるならば、練習を積んでピッチャーとキャッチャーに必要なスキルを身につけたとします。試合はピッチャーとキャッチャーの二人が同時に必要です。ピッチャーとキャッチャーのスキルを身につけたからといって、試合ができるわけではありません。

それと同じように、経営に必要な知識やスキルを身につけたとしても、経営は多様な課題を同時に遂行していかなければならず、経営の仕事を一人でこなすことはできないのです。どうか、社長一人でがんばらないでください。

自ら変化するべきその兆候とは？

気がつかないところで経営課題が変わっていくということをお伝えしました。ドラッカーは経営課題が変わるその兆候を教えてくれています。次の成長に向けて、社長は部下が準備ができていないと感じるようになります。これこそ、まさに兆候です。

「変化すべき時が来ると、部下に大きな責任を与えたり、重要な分野を任せたりすることのできない理由を見つけだす。「最高だが準備ができていない」という。だがこれは、まさにトップ自身に準備ができていない証拠である。（中略）もはや自らが名演奏家たりえないことを知らなければならない。指揮者とならなければならない。」（『マネジメント』）

トップ自らが変わらなければならない。それは、事業を今より成長させるために、鯉から竜になるためのトップの登竜門と言えます。トップは、思い描く成長が実現したときに、自分が担うべき「**指揮者**」という役割を、その成長が実現する前から受け入れなければなりません。演奏家であり続けようとすれば十年後も今と同じです。

具体的に言えば、社員一人ひとりを知り、社員の仕事に修正を加え、お客様一人ひとりを知り、今起こっていることのすべてを把握し、あらゆる決定を行うことに対する誇りを手放すということです。**社員一人ひとりの判断の結果として事業運営される状態をつくりあげていかなければならない**のです。

POINT

●経営者の仕事は事業の成長段階によって変わる。

●事業が一定時点から成長しない根本的な原因は、経営チームの欠如である。

—3— 経営の仕事を一人で担うことは不可能

あらゆる企業に共通する経営者6つの仕事

「商売と経営は違う。商売人と経営者はどこが違うのか。商売人は売ったり買ったりすること自体が好きな人。ほとんどの中小企業の社長は、その意味で経営者ではないと思う。経営者とは、しっかりとした目標を持ち、計画を立て、その企業を成長させ、収益を上げる人のことだ」

これは、ファーストリテイリングの柳井正氏の言葉です。

経営の仕事は会社全体の責任を担うもので、当然ながら社員とはまったく異なります。経営者の細かな仕事は、会社の規模によって、事業の内容によって違うために、画一的に表現することはできません。ドラッカーは『マネジメント』の中で「一部を列挙」と前置きしつつ、**あらゆる企業に共通する経営者の仕事には次の6つがある**と言っています。

①使命を決める仕事

「組織としての使命を考える役割がある。」

使命とは、「社員全員が社会にこんな良い結果をもたらせばいいんだとわかるもの」です。使命を決めるということは、「概念的な想いを言い表すこと」ではなく、「具体的な行動を打ち立てる」ということです。使命を決めなければ、組織は共通のものの見方を持てず、間違った決定を繰り返し、間違った行動を続けてしまいます。

「社会が求めているものは何か」
「うちの会社は社会のどんな問題を解決するのか」
「うちの会社は社会の何を変えるのか」
「うちの会社がやるべきことは何か」
「うちの会社がやるべきでないことは何か」

これらを問いただすのが、経営者のなすべき務めです。「何のため」という使命から、「何をどこまでやるか」という目標、それを達成するための方法と手順を明らかにするという仕事に枝分かれしていきます。

- 組織の使命を決める
- 組織の目標を定め、計画を立てる
- 組織の戦略を立て、運営する

②価値観を創る仕事

「基準を設定する役割、組織全体の規範を定める役割、良識機能を果たす役割がある。」

会社をスタートさせたばかりの数名の時期であれば、トップは背中を見せ、背中で語ることができ、明確な指示をすればそれで済みます。それが100人、200人と大きい組織になると、トップは常に全員の目の前にいるわけにはいきません。こういう場合はこういうふうにして考えるのだということを決め、それを共有しておかないと組織は崩壊してしまいます。したがって、**事業を行う上で物事を判断する物差しが必要**です。組織としての決まり、ルール、規則など、こまごましたことをしっかり打ち立てなければなりません。

- 行動規範を打ち立てる
- 社内手続きや規則をつくる
- 様々な制度や社内ルールをつくる

③組織をつくる仕事

「組織をつくりあげ、それを維持する役割がある。明日のための人材、特に、明日のトップマネジメントを育成する必要がある。」

事業は、適切に配列された仕事が適切な順番で行われ、誰かの仕事が誰かの助けになるからこそ成果があがります。その組織の実態は〝**人間**〟です。物事を積み上げ、情報を智恵に変え、組織を形成する土台は人間です。すべて人間で決まります。そして、次の発展は今の人間にかかっています。人間をつくるのは制度でも条件でもなく、**精神性**です。したがって、組織の精神をつくりあげ、将来を担う人間、特に経営人材を育成していかなければなりません。

- 組織の精神をつくり、明日の人材を育成する

・必要な部署をつくり、責任者を決める
・権限を与え、運営を確立する

④良い関係をつくる仕事

「トップの座にある者だけの仕事として、渉外の役割がある。」

会社は、様々な協力者がいて成り立っています。お客様をはじめ、提携先、協力会社、取引先、株主、投資家、銀行、地域など、様々な外の力を借りて成り立っています。トップは組織の代表者として、事業を共に進める相手、事業に影響を与える相手と良い関係をつくらなければなりません。どれか一つでもおろそかにしてしまえば、会社の信用を失い、事業に大きなダメージを与えてしまいます。

・お客様との良好な関係をつくる
・提携先や協力会社と良好な関係をつくる
・株主、投資家などと信頼関係をつくる

⑤外と関わる仕事

「公的行事や夕食会の出席など数限りない儀礼的な役割がある。」

会社の規模に関わらず、経営者は限りないイベントごとや会食、業界の集まりに出席しなければなりません。オーナー企業といえども経営者は一個人ではありません。必要なときに必要な場に出向かなければ、会社の信頼を失うことにもなりかねません。外と関わる仕事は経営者の避けて通れない社会的な仕事です。

- 会食や行事に出向く
- 業界の集まりに参加する
- 内外に渡る冠婚葬祭に出席する

⑥矢面に立つ仕事

「重要な危機に際しては自ら出動するという役割、著しく悪化した状況に取り組む役割がある。」

重大な危機に際して自ら前衛に立たなければならないことや、著しく悪化した状況にあって、トップは大手を振って、その事態に取り組まなければならないことがあります。対外的なことに限らず、組織内の改革など、外科的手術が必要なときにあっては、勇気を伴う決断を自身に迫らなければならないこともあるでしょう。

- 予想外の有事に対応する
- 業績の悪化に梃入れする
- 組織改革を断行する

以上、これらは実在する仕事です。先に述べたように、経営者の仕事のすべてではなく、その一部にすぎません。

経営者の仕事を数え上げればきりがありません。どんなにフル回転で仕事に挑んだとしても、こなせる仕事の量には限界があります。また、たとえ全知全能を発揮したとしても、できる仕事の種類には限界があります。**経営者の仕事は、量から考えても、質から考えても、一人の人間がこなせるものではありません。**経営の仕事をすべて一人で担うことは会社にとって極めて危険です。

これらの仕事をたった一人の人間でこなすことができるでしょうか。到底、一人でできるものではありません。

経営者の誰にも邪魔されない時間は20分もない

ところで、経営者の誰にも邪魔されない時間は、いったいどれくらいあるのでしょうか。

ドラッカーは『現代の経営』でこんな事例を紹介しています。

スウェーデンのスーネ・カースソン教授が、社長の1日の時間の使い方に関する研究を行いました。研究というよりも実態調査です。何人かのチームが数カ月にわたって、ストップウォッチを使って12人の社長の時間の使い方を調べました。会話、会議、訪問、電話など、何にどれだけ時間を使ったかを記録したのです。

その調査から見えたことは、誰にも邪魔されない時間が1日の中で20分以上ある社長はいないということでした。

経営者は、自分の仕事は自分で決めることができると考えがちです。自分の仕事は自分で決めることができるがゆえに、時間の融通が効くと思う人もいるようですが、実際はその真逆です。経営者は、物事を考えたり行ったり、思索と行動を常に瞬間移動し、頭の中にある無数の信号がいろいろな情報を運び、こちらの件とあちらの件を高速で行き来しています。経営者の頭の中は、まさにマグロです。

経営者は、体は今日の仕事に忙しく、頭は未来の仕事で忙しいものです。数カ月前に決まっているスケジュールに日々追われています。その結果、やるべき仕事とやっている仕事に誤差が生まれます。

たとえば、資金配分を決めなければならないときにお客様と会食をしている。あるいは、組織が混乱に陥っているときに新商品の会議に出席している。全社の方針を決めなければならないときに新しい市場の開拓のため海外出張に出ている。なんの計画も立てず、場当たり的に仕事をしている社長などいません。

ところが、その日その日の仕事に身を委ねてしまうと、たとえ優秀な秘書がスケジュールを管理してくれていても、計画を持たずに場当たり的に動いていることと同じ結果になってしまいます。今日突然発生する仕事に振り回されてしまうからです。ゆえに、**社長は細心の注意を持って自分の仕事を組み立てていかなければなりません。**

ドラッカーはこう言っています。

「ごくごく小さな事業を除くあらゆる事業において、CEOの仕事は、一人の仕事として組み立てることは不可能だということである。」（『現代の経営』）

ここまで、「経営は一人の人間では手が回らない」ということをお伝えしてきました。経営を一人で進めれば、事業の成長は思いもよらぬピンチを運んできます。では、成長に伴う危機の発生を防ぐためにどうすればいいのでしょうか。

必要なことは、「一人ではできない経営の仕事をどうやって一人で行うか」ではなく、「**一人ではできない経営の仕事をどうやって一人で行わないようにするか**」です。

第2章では、ドラッカーが教えるその対策についてお伝えします。

POINT

- **あらゆる企業に共通する経営者の仕事には6つある。**
- **経営者の仕事は、量的にも質的にも、一人でこなすのは難しい。**

第1章のまとめ

- 優れた経営が行われている会社は経営チームが協力して経営にあたっている。
- 社長一人で経営を仕切れば事業は必ず行き詰まる。
- 経営者の仕事は事業の成長段階によって変わる。
- 事業が一定時点から成長しない根本的な原因は、経営チームの欠如である。
- 経営の仕事を社長一人でこなすことは不可能である。

SUMMARY

CHAPTER2

第2章

成功した企業には経営チームがある

「成功している企業ではトップの仕事はチームで行われている。そしてまさにそのことが成功の原因になっている。」(『現代の経営』)

—1—

経営はチームによる仕事

第1章では、「経営の仕事をすべて一人で担うことはできない」ということをお伝えしました。第2章では、「**トップ一人の限界を超えるためにどうすればいいか**」ということについてお伝えします。

トップのチームを前もって構築しておく

一人で経営を仕切ってしまえば、市場の状況もつかめないまま、なんの戦略も持たず、やみくもに営業強化に走ってしまいかねません。商品開発にお客様からの声は反映されず、ウェブサイトの商品情報も更新されないままです。社員は必要な学びを受ける機会もなく、必要なときに必要となる人材が育っていない結果がのちに事業の機会損失を起こします。在庫切れによる納期遅れでお客様のクレームは多発し、社長は一人で資金繰りに奔走し、オフィスを留守にしがちになります。これでは事業を発展させていくことはできません。

では、どうすればいいのでしょうか、ドラッカーはこう言っています。

「対策は簡単である。トップのチームを前もって構築しておくことである。チームは一夜にしてならず、機能するのは時間がかかる。相互信頼と相互理解が必要である。そのためには数年を要する。私の経験では三年はかかる。」（『イノベーションと企業家精神』）

ドラッカーが言う「トップのチーム」とは経営チームのことです。「**経営チームは、経営チームが必要になる前からつくっておくことだ**」とドラッカーは言っています。

こういうと、「そうは言っても、ワンマン経営のあの会社は成長しているじゃないか！」という声が聞こえてきそうですが、その会社は本当にワンマン経営でしょうか。

外側から見ると、「どう見てもワンマン経営だ」と思える会社もあります。しかし、伸びている会社は、必ず経営をチームで進めています。「経営チーム」という部署があるという意味ではなく、数人の協力関係で経営が進められているということです。

たとえば、アップルの創業者の一人であったスティーブ・ジョブズは一見、強力なワンマン経営者に見えます。しかし、晩年のジョブズが担っていた仕事は、新しい商品を生み出すこととその新作商品の発表だけでした。その他の仕事は当時ナンバー2であったティム・クックが担っていました。経営がチームで進められていたのです。

また、マイクロソフトのビル・ゲイツは、技術面と対外活動だけを担当していました。経営全般を見ていたのは、マイクロソフトに入社した30人目の従業員で後に社長になったスティーブ・バルマーでした。バルマーは、技術者であるビル・ゲイツにとっての経営アドバイザーという役割を果たし、マイクロソフトを大企業に仕立て上げた立役者です。

そして、急成長したスターバックス・コーヒーも創業当初から経営をチームで進めています。「起業家の発想で組織運営はできない」という考えをCEOのハワード・シュルツに叩き込んだのは、経営チームのメンバー、オーリン・スミスです。起業と経営はまったく違います。「起業とは事業を起こすこと」で、「経営は組織を運営すること」です。組織を運営するためには、大きな仕事を小さな業務に細分し、業務の手順を考え、方法を勘案し、組織をつくり、細々としたルールを決めていかなければなりません。それらの仕事は、起業家タイプの人間にとって、退屈な仕事でしかありません。

「起業家の自分は組織運営を確立する知識はない。組織運営のスキルもない。組織運営を学ぶ気もない」。そう自覚していたCEOのシュルツは、経営チームのメンバーであるスミスに組織運営のすべてを任せて、スターバックスを成長させていきました。

有名日本企業も経営チームで成長してきた

海外で成功している企業の最近のやり方を薦めているかのような誤解を招かないために、あえて、日本の歴史ある企業の事例をいくつかお伝えします。

松下幸之助氏は、1918年に松下電気器具製作所を創業し、1929年に松下電器製作所と改称、1935年に松下電器産業株式会社（現パナソニック）として法人化しました。松下氏は体が弱かったため、みんなで経営してもらおうと、1933年に日本で初めて事業部制を始めました。事業部制とは、たとえばテレビ、カメラ、パソコン、オーディオというように製品ごとに組織を分けて事業を運営する形態のことです。松下氏は、事業部ごとに権限と責任を与え、チームで経営が進められる形をつくり、右腕と言われた高橋荒太郎氏に経営改革をすべて任せていました。

キヤノンは、1933年に精機光学工業株式会社として設立されました。当時、社長に就任したのは御手洗毅氏でした。御手洗氏は社長就任後、社員に対して、「自分は医師出身だ。経営のことはよくわからない。ぼくを騙そうと思えば簡単にできる。しかし、ぼくは君たちを信用する以外にない。この会社を繁栄させていこうと思えば、みんなが誠心誠意やる以外ないではないか」と言い、若手の社員に責任を与えながら、若手とともに経営を進めていきました。

ソニーは、1946年に井深大氏と盛田昭夫氏の2人の創業者によって、東京通信工業株式会社として設立されました。井深氏は開発を、盛田氏は販売を担当し、それぞれが自分の役割を果たし、ソニーブランドを世界に普及させていきました。

1948年に設立された立石電機（現オムロン）は、まだ中小企業だった当時、「常務会」という名の経営チームをつくりました。常務会のリーダーは常務が務めていました。それまではトップである社長がすべての決定を下してきたものを常務会のメンバーに考えさせ、常務会のメンバーで協議し、最終的に常務が決定を下すというやり方に変えていったのです。

ホンダは、1948年、本田宗一郎氏と藤沢武夫氏の2人の創業者によって設立されました。本田氏は技術を担当し、藤沢氏は経営のすべてを担っていました。本田氏と藤沢氏が経営の第一線を退いたとき、藤沢氏がある講演で、「社長は本田だったが経営者は私だった」と話して大きな笑いをとり、あとでそれを聞いた本田氏は「その通りだ」とうなずいたという話はあまりにも有名です。

セコムは、飯田亮氏と戸田壽一氏による経営チームによって経営を進めていました。創業期は飯田氏と戸田氏ともに靴底を減らしながら飛び込み営業に奔走しました。飯田氏は会社の顔で戸田氏は黒子というだけで、ソニーの井深氏と盛田氏、ホンダの本田氏と藤沢氏のように明確に役割分担していたわけではなく、その時々の状況に応じて、役割を決めて経営を進めていきました。

ファーストリテイリングの柳井正氏も「**社長がどんなに張り切っても一人でできることはたかが知れている。経営はチームでやるものだ**」と言い、経営をチームで進めています。たとえ、今は停滞している企業であっても、成長した時期は必ず経営をチームで進めています。おわかりいただけたとおり、昔の話、最近の話ということではなく、また、海外企業の話、日本企業の話ということでもなく、成功している企業は、経営をチームで進めてきているのです。

経営の仕事を一人で行わないようにする

会社の経営には、細心の注意を払って考えていかなくてはならないことがたくさんあります。社長と同じ想いを持つメンバーと、事業の方向性について、お客様のことについて、会社の目標について、自分たちの計画について、人材育成について等々、様々な話し合いをしながら、それぞれが責任者として動いてくれる状態をつくり上げなければなりません。

ドラッカーはこのように言っています。

「草創期においては、企業は一人の人間の延長である。しかし、一人のトップマネジメントからトップマネジメント・チームへの移行がなければ、企業は成長どころか存続もできない。」（『現代の経営』）

具体的なイメージをつかんでいただくために例を挙げてお伝えします。

マーケティング担当者は、市場を大局的に把握して、他社と差別化が図れた戦略を立ててくれる。商品開発担当者は、お客様からの声を反映させた新商品の開発をしてくれる。広報担当者は、ウェブサイトで商品情報を掲載してくれる。営業責任者は、お客様に喜ばれる販売方法を考え出してくれる。ウェブサイトから新商品の問い合わせが入る。営業の担当者がすぐさま、お客様への対応を行ってくれる。人事担当者は、社員の意欲を高める制度を導入してくれる。研修担当者は、社員の成長に必要な研修を手配してくれる。在庫管理担当者は、在庫がなくならないよう常に在庫補充してくれる。納期遅れもなくなり、お客様からのクレームもなくなる。財務担当役員は、資金繰りを責任持って見てくれる。

仮に、このような状態をつくり上げることができれば、たとえ今日の仕事に忙しくしていても、経営者は頭の中で長期的な展望に立って、会社の将来を考えることができます。

経営チームは、経営に必要な分野における責任者の集まり

２０１５年10月、「マーケティングの父」と言われるフィリップ・コトラーが来日しまし

た。彼はドラッカーとも親交があり、かつてこのように言ったことがあります。

「私がマーケティングの父ならば、マーケティングの祖父はドラッカーだ」

コトラーは、来日時のインタビューで次のように言っていました。

「日本のマーケティングは開発スタッフが決めた製品をただ売ることしか考えていない。マーケティングとは、お客様の問題を解決することだ。アメリカではCEO（最高経営執行責任者）のほか、CFO（最高財務責任者）、CIO（最高情報責任者）と同じく、CMO（最高マーケティング責任者）という役職があり、商品のデザインからサービスのやり方まで関わっている。日本企業にはCMOがいない。日本企業はもっと積極的にCMOを置くべきだ」

経済産業省の調べでは、アメリカでCMOを置く企業は62％（総収益上位500社）であるのに対し、日本でCMOを置く企業はわずか0・3％（時価総額上位3500社）です。アメリカと日本で約200倍もの大きな差があります。

ここでお伝えしたいのは「マーケティング」のことではありません。アメリカの真似をすることを奨励しているわけでもありません。**事業の成長に伴って、事業の運営に必要な組織をつくり、成果をあげられる体制を整えていかなければならない**、ということです。

ドラッカーはこう言っています。

「組織が仕事をするにはチームにならなければならない。トップが優秀であってスタッフが献身的であるにもかかわらず、チームをつくれないために失敗する組織は多い。優れたリーダーといえども、部下を助手として使っていたのではたいしたことはできない。」（『非営利組織の経営』）

経営チームは社長の仕事を代行する助手の集まりでもなければ、部門長の連合でもありません。経営チームは「**経営に必要な分野における責任者の集団**」です。チームによる経営とは、「**経営チームそれぞれの強みが経営の仕事に反映されている状態のこと**」です。

POINT

- **国内外、過去現在に関係なく、成長した企業には経営チームがある。**
- **経営チームは、経営に必要な分野における責任者の集まり。**

ソフトバンクもワンマン経営ではない

孫正義社長が下した2つの大きな決断

今や時価総額規模で日本企業の十本の指に入るソフトバンクも一直線に成長してきたのではありません。何度も様々な窮地を乗り越えて、現在の巨大組織を築き上げたのです。同社の事業構想のすべては孫正義社長によるものでしょう。しかし、事業の判断はすべて一人でというわけではありませんでした。同社は4年連続で年間1000億円もの赤字を出していたと言われています。多角的に事業を展開していた当時のソフトバンクは、赤字を少しでも抑えるために、様々なサービスを販売しなければならない状況に追い込まれていました。

２０００年、みずほ銀行の副頭取とみずほ信託銀行の会長を務めた笠井和彦氏は、取締役としてソフトバンクに参画しました。その頃、孫社長は大きな決断を2つ行いました。一つはモバイル事業に乗り出すこと。そして、もう一つはプロ野球球団を持つことでした。インターネットの利用が、パソコンからモバイルへと拡大する時期、パソコン関連事業の行き詰まりを感じていた孫社長は携帯電話事業へ手を広げるべきかどうか思いあぐねていました。携帯電話事業に参入するといっても、リーマン・ショックによる損失で資金は枯渇しており、当時のソフトバンクに今ほどのブランド力はまだありませんでした。できない理由だけが多くあったのです。

伸びる企業にはトップに「ノー」と言える人がいる

一見無謀とも思える孫社長の考えを後押ししたのが、取締役の笠井氏です。

「ブランド力がないなら、プロ野球チームを買収して知名度を高めれば良い」

「リーマン・ショックで資金を失ったなら、融資してくれるところを探せば良い」

笠井氏はそう言い、全体を見渡ししつつ、孫社長やソフトバンクの将来を信じて、孫社長の背中を押してくれる存在でした。実際、携帯電話事業に参入するためにボーダフォンを買収する際、自社で権利を何％持つか議論になったときです。孫社長はリスクも考え、50％をソフトバンクが持つべきだと考えたのに対し、笠井氏は１００％保有を主張しました。

一方、このような笠井氏が一度だけ孫社長に反対したことがあったそうです。それは、ソフトバンクの上場取り消しについてです。リーマン・ショックの痛手からなんとか回復し、株価が上昇に転じた頃、孫社長は多くの株主を巻き込んだことを悔いて、上場廃止を決断しました。そのとき、常に孫社長の後押しをしてきた笠井氏が「絶対に反対です」と初めて異を唱えました。「ソフトバンクはもっと世界に大きく羽ばたけるはず。我々の夢を個人企業にして小さくしていいのか」と孫社長の考えを制するだけでなく、孫社長が下した決断に修正を迫ったのです。今やアメリカの通信会社を買収し世界の携帯電話市場へ進出しているソフトバンクがあるのも、笠井氏の支えがあったからです。

笠井氏の反対がなければ、ソフトバンクの今の姿はなかったかもしれません。

事業が小さいうちは社長一人ですべて仕切ることができます。あるいは、部下を使ってなんとかこなすことができるでしょう。

しかし、社長がどんなに頑張っても、社長一人の力では事業が立ちゆかなくなるときは必ず来ます。第1章でお伝えしたように、そのときに必要な体制が整っていなければ、事業の成長は完全に止まってしまいます。必要な体制とは、経営チームのことです。

たとえば、財務を担当する役員がいれば資金繰りの対策にあたってくれますし、会社の知名度が課題となれば具体的な手を打ってくれる――。そのような体制をつくっていかなければ、社長自身が将来の展望に立って仕事にあたることができなくなってしまいます。いつか必ず起こった問題に翻弄され、目の前の仕事に埋没してしまうからです。

本書の「はじめに」で紹介した、「経営書や組織論が何といおうとも、優れた経営を行っている企業にワンマンはいない。それらの企業はCEOのチームをもつ」というドラッカーの言葉のとおりです。

POINT

●伸びる企業にはトップに「ノー」と言える人がいる。

●事業が拡大したとき、経営チームがなければ、事業の成長は止まってしまう。

事業の成長は経営チームがあるかないかで決まる

ワンマン経営で崩壊、チームによる経営で成長

ドラッカーは『現代の経営』の中で、経営チームの必要性についてこんな事例を紹介しています。

自動車メーカーのフォードは１９０３年にヘンリー・フォード一世によって創業されました。世界恐慌を乗り越えたアメリカでも数少ない自動車会社で、現在まで１００年にわたって同族経営を継続している会社でもあります。

２００７年に『フォーチュン』誌が選ぶ世界５００企業のうちアメリカ企業で第７位にランクされたフォードは、１９２０年代はじめの米国における市場シェアは３分の２でした。創業者であるヘンリー・フォード一世は、経営幹部抜きに自分の指示命令だけで事業を運営していました。当時の役員はマネジメントに関する仕事をすることは許されず、現場の業務をこなすだけで、社長の言うままに動く助手でなければなりませんでした。その結果、優秀な人間は辞めたり、辞めさせられたりしました。残ったのは、他に仕事を見つけられない人たちだけでした。まさにワンマン経営そのものだったのです。

１９３５年頃になると、フォードのシェアは全米で5分の1までに減りました。同社が衰退した原因はまさにワンマン経営にありました。ヘンリー・フォード一世のあとを引き継いだヘンリー・フォード二世は、自分一人の指示命令で事業運営することを改め、経営チームをつくりました。具体的には、経営チームの一人であるロバート・マクナマラに経営計画をつくる仕事と財務を管理する仕事を任せたのです。ヘンリー・フォード二世はマクナマラのほかにも、力ある数人の能力を発揮させることで、経営危機に直面していたフォードの立て直しに成功しました。フォードは、チームによる経営によって息を吹き返し、その再建に成功したのです。

経営チームをつくる4つのメリット

さて、経営チームを持つことにはどんなメリットがあるのでしょうか。ここで、経営チームを持つことのメリットをまとめてみたいと思います。

ドラッカーが『現代の経営』で述べていることと、1959年に来日した際に開催されたセミナーで言ったことをまとめると、経営チームを持つことには、次の4つのメリットがあります。

①できないことができるようになる

経営者の仕事は「**組織を通じて成果をあげること**」です。

会社に忠誠を尽くす社員が何人いても、人間が仕事をするからには人間の組織化が必要です。また、商品やサービスがどんなに優れていても、事業が異なる仕事の連立で成り立つものである以上、組織の運営は必須です。

トップのところにはいろいろな人が時間を奪いにやってきます。知人の紹介による売り込みであったり、計画を変更したいという幹部からの相談であったり、部下が持ってきた予算の申請であったりと例を挙げればきりがありません。トップは常に将来を考え、先手を打っているはずなのに、現実には問題の解決に追われ、気がつくと雑事雑務をこなすマルチプレイヤーになっています。トップは毎日、過酷な千本ノックを浴びているようなものです。マネジメントの仕事はあまりに多く、あまりに複雑で、社長一人でこなすことはできません。

経営チームをつくることによって、誰とも分かち合えないことを経営チームのメンバーと分かち合うことができ、過酷な千本ノックから守ってもらえます。こうして、できないことができるようになり、社長一人の限界を超え、「**事業の成長が運んでくる重荷に耐えられる**」ようになります。

②適切な意思決定ができる

経営者の仕事は「**意思決定で成果をあげること**」です。

私たちは一つの正解が用意された問題集を解いてきました。それが学習でした。その学習によって培われた習慣から、私たちは「物事には一つの正解がある」と考えてしまいがちです。

しかし、経営に正解はありません、あるのは経営者の意思です。だから「意思決定」というのです。経営者は、何か一つのことを決めるにあたって、複雑な事情が絡み合う中で決定を下さなければなりません。ところが、物事には死角があります。自分の肉眼で自分の背中を見ることができないように、また自分の右手で右肘をつかむことができないように、一人の人間が認識できる範囲には限界があります。一人の限られた視界だけを頼みに意思決定するのは極めて危険です。ひとたび意思決定を間違えてしまえば、会社を思いも寄らない方向へ導いてしまうからです。

経営チームをつくることによって、自分の考えに対して客観的なフィードバックを得ることができます。こうして自分の視野から自分を解放することができ、「**より適切な意思決定を導き出せる**」ようになります。

③新旧世代の体験の共有ができる

経営者の仕事は「**会社の将来をつくること**」です。

会社は、経営者の考えに基づいて動いています。かといって、物事を決めてもらうことに慣れた人間しかいない会社に将来はありません。会社には、自分たちで考え、自分たちで決め、自分たちで行動を起こす人間が必要です。一方、これまでの成功を築いてきた年長者は、豊富な経験があると同時に、過去の成功に固執してしまいがちです。これからの成功を邪魔するのは、常に過去の成功体験です。将来、会社が遭遇する課題はこれまでと違う種類のものです。必要なのは、「現在の業務に慣れた家来」ではなく、「将来を切り拓く同志」です。同じ汗をかかなければわからないことがたくさんあります。

世代バランスのとれた新旧混合の経営チームをつくれば、後進はあなたがどんな想いで仕事をしているかを知ることができ、あなたがどのようにして成功を築いてきたかを理解することができます。こうして新旧世代の体験を共有でき、「**後進を会社の将来を切り拓く同志に育てていく**」ことができます。

④後継問題を解決できる

経営者の仕事は「**事業を継承すること**」です。

一子相伝。この言葉はあるアニメがきっかけで有名になった言葉ですね。一子相伝とは、「自分の子供一人だけに奥義を伝えること」です。後継者の選定も子供に限定されないまでも、一人に相伝することが一般的な通念になっています。

誰かに引き継ぐタイミングが来たときに引き継ぎを始めてもうまくいきません。経営の継承は短期間でできないからです。ドラッカーは、やり直しのきかない最も難しい仕事がトップの継承だと言っています。一人の人間に引き継いだあとになって選任ミスだとわかっても、簡単に交代させることはできません。

3人の経営チームをつくれば、3人が3人とも一度に交代することはありません。3人のうち1人を入れ替えることは容易です。あとになって選任ミスだとわかっても、他の2人がそれを改め、正すことができるため、取り返しのつかない問題に至らず、危険な交代を安全な入れ替えで済ませられます。

経営チームをつくることによって、「**後継問題を解決**」することができます。

POINT

●経営をチームであたれば、適切な意思決定をすることができる。
●経営をチームであたれば、後継問題を解決できる。

経営チームは明日にでもつくるべき

経営者は自分が得意な仕事だけに集中するべき

「経営者は、すべてを知っていなければならない……」
「経営者は、すべてに優れていなければならない……」

つい、そんな想いに駆られてしまうこともあるかと思います。しかし、何かに長けていると同時に何かに長けていないのが人間です。そもそも完璧な人間などこの世に一人もいません。

自分が得意としない分野の仕事は、その分野を得意とする人に任せることが理想的です。

まず社長自身が得意な仕事に集中することができます。得意な仕事に集中すれば成果があがりやすくなります。任せられた人も自分の得意な仕事に集中することができます。

また、任せた人はその人に「やってくれてありがとう」と言い、任せられた相手もこちらに「役に立てて嬉しい」と言います。そこに感謝が生まれます。

成果をあげている経営者は、**「自分が得意とする仕事だけに集中している人」**です。表現を変えれば、**「自分が得意な仕事だけに集中できる状態をつくった人」**です。ぜひ、そんな状態をつくっていただきたいと思います。

右腕の育成よりもチームづくりが先

右腕――。

右腕とは、信頼できる幹部のことです。仮に、会社に人生を捧げる幹部が何人いても、事業の成長に比例して大きくなる社長の重荷が軽くなるわけではありません。

なぜなら、右腕が社長の仕事の一部を担ってくれるわけではないからです。もとより経営の仕事は部下を使ってこなせるものではありません。**右腕とはあくまでも部下であって、**

経営チームの一人ではありません。野球でもサッカーでも、ある選手がほかの選手に対して、「彼は私の右腕だ」とは言わないでしょう。経営チームのメンバーは肩書きは違えど、仕事上においてはトップと同格なのです。

どんなに優れた右腕を育てても、右腕はトップの補佐役にとどまり、右腕が事業を成長させてくれるわけではありません。信頼できる幹部が何人いても、仕事に尽くす社員が何人増えても、経営がチームで進められる状態にならなければ、事業はいつまで経っても堂々巡りです。

事実、「右腕が辞めてしまって振り出しに戻ってしまった」「右腕が暴走して手を焼いている」「右腕が独立してしまって今は大変だ」というトップの悲痛は枚挙に暇がありません。**経営チームがない状態で右腕を育てても、〝労多くして功少なし〟ではなく、〝労多くして功なし〟です**。

ドラッカーは、「事業の成長を支える経営チームがなければ、会社は失敗を繰り返し、坂を下る」と言っています。

したがって、事業を着実に成長させるためには、「右腕の育成」より「経営チームの構築」を先に取り組んでください。

経営者は経営チームをつくらなければならない

1953年、当時のGE（ゼネラル・エレクトリック）社長、ラルフ・J・コーディナーがハーバード・ビジネススクールで講演を行いました。コーディナーは、その講演で経営チームの必要性を次のように主張しています。

「トップは自分の責任を果たすために、トップに就任してから3年以内に、自分と同じくらいの責任を担う3人以上の人間で経営チームをつくらなければならない」

ドラッカーは『マネジメント』でこの事例を紹介しつつ、経営チームをつくることを強く奨励しています。

経営チームは一夜にしてならず

経営チームは畑違いの人間の総和で成り立ちます。たとえば、商品開発、マーケティング、技術、財務、人事といったように、異なる専門分野の人たちで構成されます。

専門分野が違えば「考え方」が異なります。職種が違えば「見ているもの」が異なります。役割が違えば「見えるもの」が異なります。また、担っている責任が違えば「ものの見方」も異なります。同じビルの中にいても1階から見える景色と10階から見える景色が違うのと同じように、同じ組織で同じ事業を進めていても、チームのメンバーはそれぞれ、「見えるもの」と「見ているもの」がまったく違うのです。

経営チームのミーティングでは、お互い「見えているもの」「見ているもの」が違うために、論点が混線し、話がかみ合わない状況になりがちです。その結果、「僕はそう思わない」「私の考えは違う」といった否定の言葉をぶつけ合う、腹立たしい局面に陥ってしまいます。

私はいろいろな企業の経営チームのミーティングに同席させていただきます。実際、経営チームのメンバー同士が相反する場面は日常茶飯事です。たしかに、意見の食い違いは、お互いの視野が広がるので価値があることです。しかし、その一方、意見の食い違いが度重なると、人間関係が壊れる火種にまで発展することがあります。チームとは、言葉は柔らかですが、言うほど簡単ではないのです。

お互いを尊重しつつも、チームには「**共通の考え**」が必要です。共通の考えを創り出すのに機械的な方程式はありません。何事も制度や規則だけで物事をうまく進めることはできません。誠心誠意とことん話し合っていく以外にないのです。経営チームのメンバーがお互いの考えを理解するのにはそれなりの時間が必要です。ゆえに、時間と心労が必要なのです。まさに、「経営チームは一夜にしてならず」です。

経営チームをつくるのに時期尚早ということはありません。その会社でどんなに長く働いていようが、経営者の立場にあるという自覚を持って仕事をするのと、一つの部署の責任者だと思って仕事をするのとでは、会社に対する物の見方や仕事のやり方に大きな違いが出てきます。

はじめは手探りで経営にあたっていた社長もいろいろな経験を積み、経営の腕前を上げていきます。いざ経営チームをつくろうとあらためてメンバーを見たとき、力の差にあまりにも大きな開きを感じ、社長の眼には「うちには良い人材がいない」と映ってしまいます。そして時間が経てば経つほどその垣根は大きなものとなり、経営チームをつくりにくくなっていきます。

では、いつ経営チームをつくればいいのか。明日からはじめてください。

「いずれはチーム経営に持っていきたいのはやまやまだが、そうした人材はなかなか見つかるものではない」と思う方も多いでしょう。

本章の冒頭で紹介したドラッカーの言葉のとおり、**経営チームがチームとして機能するには3年くらいはかかります**。これから事業の成長が運んでくる新しい課題に耐えうる準備のために、今から経営チームをつくりはじめることを強くお勧めします。

第2章では、「経営はチームで行うもの」ということをお伝えしました。第3章では、どうなっていれば経営チームと言えるのか、事業を成功に導くために経営チームが押さえておかなければならない6つのことについてお伝えします。

POINT

●経営者は自分が得意とする仕事だけに集中するべき。

●右腕の育成よりもチームづくりが先である。

第2章のまとめ

- 事業の成長は、経営チームがあるかないかで決まる。
- 経営チームは、経営に必要な分野における責任者の集まり。
- 経営チームのメンバーは、経営を進める上では同格。
- 右腕の育成よりもチームづくりが先である。
- 経営チームが機能するには3年くらいかかる。

SUMMARY

CHAPTER3

第3章

経営チームが守るべき6つのこと

「トップマネジメントがチームとして機能するには、いくつかの厳しい条件を満たさなければならない。チームはシンプルではない。仲の良さで機能させることはできない。好き嫌いは問題ではない。人間関係に関わりなく、トップマネジメントはチームとして機能しなければならない。」（『マネジメント』）

第一に、それぞれが意思決定者

第2章では、「経営はチームで行うもの」ということについてお伝えしました。第3章では、「経営チームがチームとして機能するために必要な6つのこと」をお伝えします。

経営チームは仲間ではなく同志

ドラッカーは、こう言っています。

「一人ひとりの人間が社会的な位置と役割を与えられなければ、社会は成立せず、大量の分子が目的も目標もなく飛び回るばかりである。他方、権力に正当性がなければ、絆とし

ての社会はありえない。すなわち、奴隷制あるいは単に惰性の支配する真空が存在するだけとなる。」（『産業人の未来』）

この言葉は、社会について論じているものですが、会社も特定の空間に区切られた一つの社会です。経営チームにおいても同じことが言えます。

「**経営チーム一人ひとりが具体的な責任と権限を持たなければ、経営は機能せず、複数の分子が目的も目標もなく飛び回るばかりである。他方、トップに真摯さがなければ、人の結びつきによる協力はありえない。すなわち、封建性あるいは単に形式に従う官僚が存在するだけとなる**」です。

前章で、事業の成功は、経営チームがあるかないかで決まるとお伝えしました。もちろん、経営チームがあればそれでいいということではありません。経営チームがチームとして機能してはじめて事業を成功に導いていくことができます。

長年、同じ会社で一緒に仕事をしていて、お互いをよく理解していれば仲間と言えるかもしれません。しかし、**経営チームは、仲間ではなく、「同志」**なのです。経営チームは、

〝私〟を超えた〝公〟に立った一枚岩でなければならないのです。**経営チームに必要なのは、「仲のよさ」ではなく、「仕事ぶりのよさ」**です。

決定権のない責任者は意味がない

「社長に聞いてみないとわからない……」
「社長の了解がないとわからない……」
「社長が出張でいないからハンコがもらえない……」

これは、ある会社の経営チームのメンバーの方から実際に聞いた言葉です。

会社の最終的な責任を負っているのは社長です。重要なことを最後に決めなければならないのはもちろん社長です。

とは言え、何から何まで社長一人で決めなければ何も始まらない組織は、発展していけません。それでは、優れた人の本当の力が発揮されないからです。第一、それでは社長の体がいくつあっても足りません。

たとえ、**責任者を置いていたとしても、決定権を与えていなければ、その責任者は単なる伝達を主たる仕事とする中継者にすぎません。**なんら具体的な手は打たれず失敗が来るのを待っているだけの状態になります。そして、現実に失敗に至ったときでさえ、誰一人として、「自分がいけなかった」と思う人はいません。

具体的な責任と明確な権限を持つ意思決定者を決める

ドラッカーは『マネジメント』の中で、こんな事例を紹介しています。

ある大手製薬会社が、例年の倍という7つの新薬を発売しました。あらゆる国、専門分野、階層からなるチームが1年かけて戦略を立てて、綿密な販売計画を練り上げました。ある新薬の販売はヨーロッパから、ある新薬はアメリカから販売することにしました。あるいは、ある新薬の販売は一般の医師を、ある新薬は専門の医師を主たる顧客対象としました。

ところが、実際にそれらのものを販売してみると、あまり期待していなかった新薬2つが売上げを伸ばしました。逆に期待していた2つは予想外の問題が起こり、売上げを十分に伸ばせない結果になってしまいました。しかも期待どおりにいかなかったとき、誰が計画変更の主導権をとるかを決めていませんでした。

そのため、無数の会議が開かれ、調査が行われ、レポートがまとめられただけで、なんの行動も起こりませんでした。そのため、とうとう期待した成果をあげることはできませんでした。

一方、予想以上の成果をあげた新しい商品についても、その成功をフォローする施策は何らとられませんでした。その結果、類似品を開発した他社に市場のほとんどをもっていかれてしまいました。

予想外の問題に遭遇したものについては、経費を大幅に縮小するか拡大するべきでした。誰もがわかっていたことでした。しかし、決定を下すべき人間が誰もいなかったのです。部長は、大幅な売上を見せた新しい商品の市場を他社に奪われるという最悪の事態を防げたはずでした。ところが部長は、営業目標や営業計画を変更する権限を持っていませんでした。しかし、誰かが違いを犯したわけではありませんでした。営業部長は何の権限も与えられていない、指示命令に従う番頭役にすぎなかったのです。

組織は、「誰が何に責任と権限を持つか」を決めておかなければなりません。社長がいちいち指示しなくても、決定を下すことのできる人間が必要です。

どんな組織も全体の危機に遭遇するものです。そのとき、明確な命令権が一人の人間に与えられていなければ、組織全体が滅びてしまいます。意思決定者を明確にしておくのは、それぞれが自分の仕事に責任を持って仕事をし、事業が危機に瀕したときに、それを見過ごすことなく、組織の一人ひとりが力を発揮できるようにするためです。

ドラッカーはこう言っています。

「第一にトップマネジメントチームのメンバーは、それぞれの担当分野において最終的な決定権をもつ。各メンバーの決定に対し、他のメンバーが異議を唱えることはできない。担当する者が最終決定者である。他のメンバーからの異議を認めるならば、政争が起きるだけである。トップマネジメントそのものの権威が低下する。」（『マネジメント』）

仮に、経営チームのあるメンバーがあることを決定し、その決定に基づいて部下が仕事を進めようとしたとします。そこで、その決定を社長がひっくり返してしまえば、部下はこう思います。

「自分の上司がなんと言おうが社長に聞いてみないとわからない。これからは、上司の言うことより社長の言うことにしたがっていればよい」

こうなると、部下を持つその経営チームのメンバーは、部下を率いていくことができなくなってしまいます。まさに「トップマネジメントそのものの権威が低下する」状態です。

責任も権限も与えられないまま成果をあげることはできません。責任とは、「**なすべき成果をあげるべき務めとして、自身で引き受けなければならないもの**」です。権限とは、「**あげるために自分で決められる範囲のこと**」です。

社長といえども、担当以外のことに口出ししないことです。任せるものは任せるのです。平たく言えば、「社長に聞いてみないとわからない」「社長の了解がないとできない」をなくすことです。また、そうすることによって、社長自身が雑事から解放され、会社にとって最も重要な仕事に専念できるようになります。同時に、経営チームのメンバーにも、任せられていることが理解されれば、自分の仕事の最終責任者は自分であると思って仕事にあたり、成果をあげてくれます。

ただし、誤解があってはいけませんので若干補足します。

「他のメンバーが決定したことに口を挟まない」というのは、仕事の混乱を避けるためであって、「他のメンバーの仕事は自分に関係ない」ということではありません。

野球でも一塁の選手がボールを拾えば、ピッチャーが代わって一塁に入っていきます。「一塁の仕事は自分に関係ない」と言っていたら試合には勝てません。また、塁にランナーがいて得点のチャンスがくれば、たとえ自分がアウトになっても送りバントや犠牲フライを打ちます。このように、強いチームのメンバーは自分を中心に考えるのではなく、力を合わせて大きな力を発揮しています。

経営チームのメンバーがそれぞれ担当分野の最終決定者でありながら、力を合わせて成果をあげるのはそれと同じです。

POINT

●経営チームは仲間ではなく、「同志」である。

●決定権を与えられていない責任者は意味がない。

—2—

第二に、担当以外のことは決めない

社内で頻繁に起こる板挟み

「社長はやれと言っていたが会長はダメだと言っていた……」
「部長の方針で進めていたが社長でひっくり返ってしまった……」
「副社長が決定したことが社長で却下されてしまった……」
「専務はダメだと言っているが社長はいいと言っている……」
「社長はダメだと言っているが副社長はいいと言ってくれている……」

このようなことは、あなたの会社でも必ず起こっています。私自身もそんな板挟みのシーンに幾度となく遭遇しましたし、現在もお客様の会社でよく聞く問題です。

このようなことが多発するとどんな組織になってしまうでしょうか。「先にお伺いをたてておこう」という習慣が組織の文化となってしまいます。結果、成果をあげる力を失う組織になってしまいます。

重要なことを、事前確認しなければならないのは当然のことです。しかし、**重要でないことまで、「先にお伺いをたてておこう」ということが習慣になれば、優秀な人は活躍できません。**

責任をもって決めたことを他のメンバーが勝手に変えてしまえばそこに摩擦が生まれ、人の責任感も破壊され、チームはチームとして機能しなくなってしまいます。

自分の担当以外のことは経営チームの他の担当メンバーに回す

経営チームの意思決定に混乱があれば、事業は間違いなく停滞します。そうならないためにどうすればいいのでしょうか。ドラッカーはこう言っています。

「第二に、トップマネジメントチームのメンバーは、自らの担当以外の分野について意思決定を行うことはできない。そのような問題が向こうからやって来たならば、直ちに担当メンバーに回さなければならない。」（『マネジメント』）

さまざまな確認を得るために物事の多くが経営チームにあがってきます。そこで、経営チームがその要請に対して、逐一対応してしまえば、現場は、「やはりこれは上の判断が必要なものだったか。確認しておいてよかった」と思います。そして、何でも経営チームにあがってくるようになり、経営チームは了解を出す専門機関のようになってしまいます。

経営チームはまず、「**この件は経営チームで判断すべきかどうか**」を見極めなければなりません。経営チームで判断すべきことでないことであれば、現場に対して、「**これは現場で検討して決めなさい**」と戻さなければなりません。経営チームで決めることではないものが経営チームにあがってきたときには、現場に戻さなければならないのです。そうしなければ、組織はやがておかしくなってしまいます。

このことは、経営チーム内でも同じことが言えます。

経営チームのメンバーはまず、「この件は自分が判断すべきかどうか」を見極めなければなりません。自分で判断すべきことではないことであれば、経営チームの他の担当メンバーに回さなければなりません。そうしなければ、経営チームは機能しなくなってしまいます。

自分が打つべきでないボールは打たない

ドラッカーは、『ドラッカーの経営哲学』の中で、こんな事例を紹介しています。彼がGE（ゼネラル・エレクトリック）のコンサルティングの仕事をしていたときのことです。

「私はあるとき、ゼネラル・エレクトリック社の研究部門に行った。非常に困ったことが起こっていた。その部門のマネジャーがこう言った。『この問題に困っている。社長に一言伝えてくれるとありがたい』。そこで私は社長に電話をかけて、マネジャーが抱えていた問題についての説明を始めると、社長は中途で私の言葉を遮ってこう言った。『いや、その件なら副社長に話してあげてくれ』。私が伝えたことについては、社長も非常に頭を抱えていて、その解決策をいろいろ考えていた。しかし社長は、それが自分の担当分野でなかったため、その件の担当者である副社長のところへ行くよう私に促したのだ。まさに、自分が打つべきでないボールを打たないというのはこういうことだ。これが、自分の持分を守るということだ。」

またドラッカーは『マネジメント』の中で、米国の自動車メーカーであるゼネラル・モーターズの社長の例を紹介しています。

その社長は、誰かが担当以外の問題を自分に持ってきたとき、「そのことはブラウンさんに持って行ってください」「ブラッドレーさんに持って行ってください」「ウィルソンさんに持って行ってくださいと」と対応していました。その問題の責任者を無視して、自分が決めてしまうことをしなかったのです。連絡にやってきた人がいなくなると、ブラウンさんと直接話をしました。その社長は、担当する経営チームのメンバー以外に、自分の意見を言うことはしませんでした。あとになって、「社長はこう考えていたのに、ブラウンさんはこうやった」といったような詮索が生まれ、組織に混乱が及ぶことのないよう気をつけていたのでしょう。

1つの部門に2人の役員を投入しない

ある会社でこんなことがありました。その会社は、商品の開発に2人の役員が担当として入っていました。担当役員の1人は副社長で、もう1人は専務です。そのため、副社長と専務の指示が分かれ、現場に混乱を招くという事態が頻繁に発生していました。「副社長と専務の考えに違いがあること」それ自体は問題ではありませんが、「副社長と専務から違う指示が出ること」は大きな問題です。

経営チームが本来の仕事をおろそかにし、組織の成果をあげる力を破壊し、経営チーム自ら機会損失を招いてしまっているからです。経営チームの仕事は、現場が成果をあげられるようにするため、「会社としての考えを決めること」です。

もちろん、副社長も専務も悪意があってそうしているわけではありません。この場合の根本的な問題は、「**1つの部門に2人の役員が入っていること**」です。1つの部門に2人の役員を投入しないことは、世の決まりと言っていいほど、経営の基本です。

経営者自身が問題を問題と認識しない限り、深刻な問題は放置されたままとなり、同じ問題が繰り返し起こります。経営チームに人員を配置する際は、事業の繁栄のために、「1

つの部門に2人の役員を投入しない」ようにしてください。

もちろん、経営チームは自分の守備範囲を超えて助け合うことが前提です。あくまでも、**組織の混乱を避けるために、自分の担当外のことを決めないようにする**ということです。

POINT

●経営チームのメンバーは、自分が判断すべきかどうかを見極める。

●1つの分野に2人の経営チームのメンバーを投入しない。

3

第三に、お互いのことを批判しない

言いたいことは会議の中で

「社長のあの決定は、実は私は反対だったんだ」と副社長が言ったり、「専務のあの企画、自分は賛成できない」と社長が言ったり、「常務は営業部のことしか考えてくれていない」と取締役が言ったり……。

はたまた、経営会議で決まったことに対して、経営チームのメンバーが経営チーム以外の人間に不満を言ったりすれば、「うちの経営陣はいつも批判し合っているけど、大丈夫なんだろうか」と、社内に不信感を与えてしまいます。

そこに悪意がないのは言うまでもありません。しかし、たとえ悪意がなくても悪事につながってしまいます。仕事をしている以上、多少の不満はつきものです。うまくいくことよりうまくいかないことの方が多いものです。かといって、経営チームが陰で批判し合うようなことをしてしまえば、会社は良くなっていきません。

では、どうすればいいのでしょうか。ドラッカーはこう言っています。

「第三に、トップマネジメントチームのメンバーは、仲良くする必要はない。尊敬し合う必要もない。ただし攻撃し合ってはならない。会議室の外で互いのことをとやかくいったり、批判したり、けなしたりしてはならない。ほめ合うことさえしない方がよい。」（『マネジメント』）

経営チームは正面衝突を避けてはならない

経営チームが、互いに攻撃し合ったり、会議室の外で互いのことをとやかく言ったり、批判したり、けなしたりするのは、愚かな自己正当化であって、組織に卑屈な文化がはびこっていることの表れです。

また、経営チームのメンバーが会議の場で口をつぐんでしまうようでは、経営チームの力は発揮されません。経営チームがチームとして機能するには、率直な意見交換が必要であり、正面切って反論するなど、本音の議論が欠かせません。他のメンバーのことについて、本人のいないところでとやかく言うのではなく、お互いが直接本人に反対意見を言い合えなければなりません。

経営チームは、お互いに嘘を言わなければそれでいいというものではなく、お互いに本当に思っていることを言わなければならないのです。人と人の間に生まれるチームの力があって初めて不可能なことが可能になっていくからです。伸びている会社は、会議で他のメンバーに向かって遠回しな言い方はしませんし、経営チームのメンバーがいないところで他のメンバーの陰口など言いません。

経営チームのメンバーは、全員が誇り高い経営のプロフェッショナル集団です。経営チームが正面衝突を避けたら、会社はそこで終わりです。ここでいう「正面衝突」とは、感情的な争いではなく、価値を生む対立のことです。**責任を果たし、成果をあげるために、真剣な議論を必要としているとき、経営チームは正面衝突を避けてはならないのです。**

POINT

●経営チームのメンバーはお互いに批判したり、けなしたりしてはならない。
●経営チームのメンバーは正面衝突を避けてはいけない。

第四に、リーダーがいること

経営チームは「委員会」ではない

「仕事がたまっているから早く自分の仕事に戻りたい……」
「自分は仕方なく出席しているんだから早く終わってほしい……」
「何も決まらない会議にいたくない……」
「いま社長が発表していることは自分と関係ない……」
「副社長が話していることはあとで勝手にやって欲しい……」

これは会議に出席している人が、会議中に思うことです。しかし、もし経営チームがそんな状況であれば深刻な問題です。経営チームがチームとして機能していない証拠であり、事業の成長が止まる兆候です。

では、どうすればいいのでしょうか。ドラッカーはこう言っています。

「第四に、トップマネジメントは委員会ではない。チームである。チームにはキャプテンがいる。キャプテンはボスではなくリーダーである。」（『マネジメント』）

「委員会」とは、「多数決で物事を決める制度のこと」です。「チーム」とは、「**協力して行動する一枚岩の集団のこと**」です。トップマネジメントは、「多数決で物事を決める制度」ではなく、「**協力して行動する一枚岩の集団**」で成り立つ仕事です。

そして、複数の人がいれば、複数の人を率いるリーダーが必要です。ボスは「メンバーを説得させ、自分の考えに従わせる人」であり、リーダーは「**メンバーの納得を得て、より良い方向へ導く人**」です。

自分の考えでメンバーを従わせようとしてしまえば、メンバーは力を発揮できません。もちろん会社の危機や緊急時にあっては、命令権を持ったリーダーが指揮を執らなければなりませんが、平時においては、メンバーそれぞれが力を発揮するために、複数の人を率いるリーダーは問答無用の指示でメンバーを駆り立てるのではなく、メンバーの納得を得てより良い方向へ導いていかなければなりません。

一枚岩となって成果をあげるために、メンバーの納得を得てより良い方向へ導いていってください。

ジョブズが言った「僕にできることはただひとつ」

映画監督は、目に見える具体的なタスクは持ちません。映画監督の役割は、役者、撮影担当、衣装担当、メイク担当、音響担当、大道具担当、小道具担当など、それぞれの専門的な役割を持つ人々を束ねて、いい映画を生み出すことです。経営チームのリーダーが具体的な仕事を持つことは多々ありますが、その役割は映画監督によく似ています。その役割とは、**方向性を明らかにし、何をやるかをはっきりさせ、世の中に価値を生み出していくこと**です。

アップルは、スティーブ・ジョブズ、ロン・ウェイン、ステファン・ゲーリー・ウォズニアックによって設立されました。コンピュータ・エンジニアであるウォズニアックがジョブズに言った言葉は有名です。

ウォズニアック「キミはコードも書けなければ、デザインもできない。エンジニアでもなければ、金槌で釘を打つわけでもない。じゃあ、どうやって10倍も生産性をあげるつもりだい？　キミの役割ってなんなんだ？」

ジョブズ「僕にできることはただひとつ。オーケストラを束ねることさ」

経営チームのリーダーが担う仕事

ドラッカーは、トップの仕事について『ネクスト・ソサエティ』の中でこう言っています。

「今後のトップの仕事は、私が知りうるかぎりもっとも複雑な仕事、すなわちオペラの総

監督の仕事に似たものとなる。スターがいる。命令はできない。共演の歌手が大勢いて、オーケストラがいる。裏方がいる。そして聴衆がいる。すべて異質の人たちである。しかし総監督には楽譜がある。みなが同じ楽譜をもっている。その楽譜を使い、最高の結果を出す。トップが取り組むべき仕事がこれである。」（『ネクスト・ソサエティ』）

それぞれ異なる役割を持った、それぞれ異なる仕事をする人たちを、共通目的に向かわしめ、その人たちの力を最大限に活かして、成果をあげるのが経営チームのリーダーが担う仕事です。

POINT

- **経営チームは、協力して行動する一枚岩の集団でなければならない。**
- **リーダーの仕事は、異質な人たちの力を最大限に活かして最高の成果をあげること。**

—5—

第五に、重要なことは話し合って決める

アマゾンの創業者が言ったこと

アマゾンの創業者ジェフ・ベゾスはこう言っています。

「かつてはドッグイヤーと言われたが、いまやマウスイヤーだ。1カ月の意思決定の遅れは7年に匹敵する」

犬が人間よりはるかに速いスピードで成長することは周知のとおりです。ドッグイヤーとは、時代が変わりゆく速さを表現するものとして生まれた言葉です。マウスイヤーはこれまでにも増して、さらに速いスピードで社会が様変わりしていく姿を表現するものとして生まれた言葉です。

意思決定を間違ってしまえば、何十年分の損になるか計り知れません。しかし、意思決定のスピードを重視するあまり、正確性を損ねるのはさらに危険です。**適切な意思決定を導き出すために、重要なことは話し合わなければなりません。**

話し合わなければ決められないこと

ある会社でこんなことがありました。

その会社では、入社日も年齢も成績もほぼ同じである社員Aと社員Bがいました。社員Aだけを昇格させました。昇格できなかった社員Bは、「自分はよほど期待されていないんだな」と勘違いを起こし、仕事に対する意欲が下がってしまいました。

なぜこのようなことが起こったのでしょうか。それは、社員Bの上司に社員Aを昇格させるという情報が行かなかったため、社員Bの上司は、社員Aの昇格に伴って社員Bを昇格させるべきかどうかを検討する機会を持たなかったのです。

事前に確認し、話し合いの場さえあれば、それが必要なことはわかったことです。8カ月後、社員Bはその会社を辞めてしまいました。

会社にとって人事ほど重要なことはありません。こういったことが起こらないようにするためにはどうすればいいのでしょうか。

ドラッカーはこう言っています。

「第五に、トップマネジメントチームのメンバーは、自らの担当分野では自ら意思決定を行わなければならない。しかし、ある種の意思決定はチームに保留する必要がある。それらは、チームとしてのみ判断しうる問題である。すくなくともその種の意思決定は、決定する前に、トップマネジメントのチーム内で検討しなければならない。」（『マネジメント』）

「意思決定権がある＝勝手に決めていい」ということではありません。チームで仕事をしている以上、必ず話し合わなければ決められないことがあります。

それは、**巨額の投資や人事**についてです。先ほどお伝えした事例のように、社員Aの上司と社員Bの上司は責任者として、また上司として、社員の昇格にあたって前もって話し合わなければならなかったのです。

このように、「会社にとって重要な決定」は話し合って決めなければなりません。事業を伸ばしていくために、人事の決定や巨額の投資に関することなどは話し合って決めるようにしてください。

争いは不要でも対立は必須

ソニー創業者の盛田昭夫氏が副社長、田島道治氏が会長だった頃の話です。盛田氏と田島氏は意見の食い違いが度々ありました。盛田氏はあるとき、意見の相違で田島氏が怒っているのを承知で、自分の意見を強硬に主張し続けました。田島氏は盛田氏にますます苛立ちました。その苛立ちが限界に達した田島氏は盛田氏にこう言いました。

「盛田君、君と私は意見が違う。私は絶えず意見が対立するような会社にいようとは思わない。今すぐ辞める」

盛田氏は臆せずこう言いました。

「お言葉ではありますが、あなたと私がすべての問題についてそっくり同じ考えを持っているなら、私たち2人が同じ会社にいて、給料をもらっている必要はありません。その場合、私かあなたのどちらかが辞めるべきでしょう。この会社がリスクを最小限に抑えて、どうにか間違わないですんでいるのは、あなたと私の意見が違っているからではないでしょうか。どうぞお怒りにならず、私の考えを検討してみてください。私と意見が違うからと言ってお辞めになるというのは、会社がどうなってもよいということでしょうか」

盛田氏が田島氏に言ったことを要約すると、次のようになります。

「成果を生む意思決定は、対立する意見による熟考の果てに生まれるのです。だから、これからも徹底的に話し合っていきましょう」

成果を生む意思決定を生み出すために、御社の経営チームも徹底的に話し合ってください。

POINT

- **「重要な決定に関すること」は話し合って決めなければならない。**
- **成果を生む意思決定は熟考の果てに生まれる。**

第六に、意思の疎通に精力的に取り組む

意思疎通の不足による失敗は避けなければならない

「あの件は専務に伝えたはずなのにいったいどうなっているんだ……」
「なぜ副社長がそんな決定をしたのかまったく理解できない……」
「近頃、専務と打合せの場を持ててない……」
「最近、社長と話ができていない……」
「ここのところ、メンバーで集まる時間がつくれない……」

このようなことは、多くの会社で、毎月、毎週、場合によっては毎日のように起こっています。これは、**意思疎通の不足**から起こっています。

たしかに、技術の発達によって様々な通信手段が世に登場し、情報の共有は格段に便利になりました。だからといって、意思の疎通が便利になったわけではありません。「情報の共有＝意思の疎通」と勘違いしてしまうと、思いもよらぬ大惨事を招いてしまいます。「言った、言わない」という揉めごとや、「そう思っていた。そうは思っていなかった」という混乱は、その典型的な例と言えるでしょう。

何物かによって、時には信用を損ね、時には人の心情に傷をつけ、時には仕事を破壊してしまいます。その何物とは、意思の疎通です。

ドラッカーはこう言っています。

「第六に、トップマネジメントの仕事は、トップマネジメントチーム内の意思の疎通に精力的に取り組むことを要求する。トップマネジメントにはあまりに多くの仕事があるからである。さらには、各メンバーが、それぞれの担当する分野で最大限の自立性をもって行動しなければならないからである。そのような自立性は、自らの考えと行動をトップマネジメントチーム内に周知させているときにのみ許される。」（『マネジメント』）

自分の考えを他の人に周知する

経営チームはメンバー全員が共通の意識を持つに至るまで、そのチームの力は発揮されません。**会社を良くしていくためには、会話が必要であり、共通の言葉が必要です。**

チームは個の連立であるがゆえに、経営チームのメンバーは自ら進んで自分の考えを他の人に周知させ、人の考えを理解しておかなければならないのです。

リクルートが年商30億円の頃、同社は「じっくり取締役会議」と称する合宿を月1回行い、常に徹底した話し合いの場を持っていました。リクルートを創業した江副浩正氏は「私はかなり譲ってきた」と言い、他のメンバーは「ほとんど押し切られた」と言っていました。のちに、「はじめの頃は、衝突ばかりだったが、後半はお互い何を考えているかわかり合えるようになった」と言っていました。そこに徹底した話し合いがあり、意思の疎通があったことを物語っています。

江副氏は「共に湯につかり、夕食後には将来のリクルート像を語った。夜食にはおにぎりを用意してもらい、夜を徹して議論し合った。その合宿で相互理解を深め、信頼感を深め、経営戦略を共有した。議題はあらかじめ用意していたが、派生したテーマでも意見を戦わせた」と語っていました。このように、成功する企業は経営チーム内でとことん議論を戦わせ、意思の疎通に精力的に取り組んでいるのです。

協調とは和のごまかしではない

経営チームが担うべき仕事は何か――。

理念にせよ、使命にせよ、目標にせよ、組織にせよ、何から何まで経営チームの仕事です。「わが社は、何を目指すべきか」「将来どんな会社にしたいのか」を徹底的に話し合わなければなりません。議論を尽くした後は、もちろん一つの決定を出さなくてはなりません。

チームで何かを決定する以上、合意形成は必須です。一方、合意形成そのものが目的になってしまえば、チームはその人だけが持っている物の見方を失ってしまう可能性があります。そのような損失を起こさないために、**経営チームのメンバーは、自分の考えをはっきり主張することを許されなければなりません。**

意見のぶつかり合いの中からさらに良いもの、さらにレベルの高いものが出てくるからです。**協調とは、お互いがお互いを尊重し、お互いの強みを活かし合うことであって、〝和のごまかし〟ではありません。**腹が立つことを言うメンバーの考えに対して、賛同するか反対するかを決める前に自分とは違う意見に耳を傾けることを自分の仕事としなければならないのです。

さて、経営チームをつくるにあたって、経営人材をどう人選すればいいのでしょうか。次の第４章では、経営人材を人選する際に押さえておかなければならないこと、人事の決定について、お伝えいたします。

POINT

●意思疎通の不足による失敗は避けなければならない。

●経営チームのメンバーは、自分の考えを主張することを許されるべき。

第３章のまとめ

- 経営チームは、それぞれが意思決定者。
- 経営チームのメンバーは、自分の担当以外のことに口出ししない。
- 経営チームは互いに批判したり、けなしたりしてはならない。
- 経営チームには、リーダーがいる。
- 経営チームは、重要な決定事項は話し合って決める。
- 経営チームは、意思疎通に精力的に取り組む。

SUMMARY

CHAPTER 4

第４章
経営人材をどう人選するか

「判断力が不足していても、害をもたらさないことはある。しかし、真摯さに欠けていたのでは、いかに知識があり、才気があり、仕事ができようとも、組織を腐敗させ、業績を低下させる。」

（『現代の経営』）

こんな人を昇進させてはいけない

第3章では「経営チームが守るべき6つのこと」についてお伝えしました。第4章では、「経営人材をどんな視点で人選すればいいのか」ということについてお伝えします。

昇進を考えるときの基準とは

「経営チームをつくるために誰をメンバーに選んでいいかわからない……」
「経営チームのメンバーを人選するとき何を基準に考えればいいかわからない……」
「経営チームの人選は一番売上をあげた人間でいいのではないか……」
「経営チームの人選は部下を率いていける人間が望ましいのではないか……」

これは、すでにチームで経営を進めている社長、そして経営チームをつくろうとしている社長からよく聞く言葉です。昇進は、もちろん実績を基準に考えなければならないのは当然のことです。大事なのは**その実績の中身**です。

プレイヤーとして功績をあげたからといって、部下に成果をあげさせることができるかというと、そうではありません。また、プレイヤーとして成績をあげることができなかったからといって、部下に成果をあげさせることができないかというと、それも違います。

今あなたは、「プレイヤーとして功績をあげられない人が部下に成果をあげさせることはできないだろう」と思ったかもしれません。

中国の後漢末期から三国時代にかけて群雄割拠していた時代の興亡史が描かれた『三国志』という本があります。その『三国志』に中心人物として登場する諸葛孔明は、剣を持って武人と戦う能力はゼロでした。しかし、兵や軍を調練して鍛え上げ、戦いに必要な武器を考え出す能力に長けていました。また実戦においては、神算鬼謀の戦略をもって百戦百勝を得る名軍師でした。

自分が武器を使って相手に勝つ能力、兵や軍を鍛え上げる能力、新しい武器を考え出す能力、軍を率いて勝利を得る能力、これらはそれぞれまったく違う能力なのです。

おわかりいただけたように、「プレイヤーとして功績をあげられない人が部下に成果をあげさせることはできない」というわけではないのです。

部下を持つ人に必要なのは部下を成長に導く能力であり、市場を新たに開拓するのに必要なのは戦略を打ち立てる能力であり、組織を預かる人に必要なのは組織を通じて成果をあげる能力です。

ある人を昇進させようかさせないか思いあぐねるとき、「その人がこれまでやってきたこと」と「その人にこれから期待すること」が合っているかどうか、任命する側がそれを理解しておかないと人事を間違ってしまいます。

では、部下を持たせ、マネジメントを担ってもらう人を選出するとき、どんな基準で考えていけばいいのでしょうか？

ドラッカーはこう言っています。

「判断力が不足していても、害をもたらさないことはある。しかし、真摯さに欠けていたのでは、いかに知識があり、才気があり、仕事ができようとも、組織を腐敗させ、業績を低下させる。真摯さは習得できない。仕事についたときにもっていなければ、あとで身につけることはできない。真摯さはごまかしがきかない。一緒に働けば、その者が真摯であるかどうかは数週間でわかる。部下たちは、無能、無知、頼りなさ、無作法など、ほとんどのことは許す。しかし、真摯さの欠如だけは許さない。そして、そのような者を選ぶマネジメントを許さない。」（『現代の経営』）

「真摯さの欠如だけは許さない。そして、そのような者を選ぶマネジメントを許さない」とは、「人間的にちょっと……」という人間を責任者に任命するような経営者を社員は許さないという意味です。

どこの会社にも優秀な人はたくさんいます。しかし、有能な人格者がたくさんいるかというと必ずしもそうではありません。

5つの基準で考える

ドラッカーは、この「**真摯さの欠如**」について、『現代の経営』で5つの基準を言っています。

①人の強みよりも弱みに目がいく者

「第一に、人の強みではなく、弱みに焦点を合わせる者をマネジメントの地位につけてはならない。人のできることは何も見ず、できないことはすべて正確に知っているという者は、組織の文化を損なう。」

上司の役割は、組織を通じて成果をあげることです。そのためには、部下一人ひとりの力を最大限に活かさなくてはなりません。したがって、部下を持つ人間が知っておかなければならないことは、部下のできないことではなく、部下ができることです。ところが、部下のできないことに焦点を合わせてしまえば、組織を通じて成果をあげることができなくなってしまうだけでなく、人のできないことばかりに目がとらわれる組織になってしまいます。だから、人の弱みに目がいくような人間を責任ある立場に置いてはならないのです。

②何が正しいかよりも、誰が正しいかに関心を持つ者

「第二に、「何が正しいか」よりも「誰が正しいか」に関心をもつ者を、昇進させてはならない。仕事の要求よりも人間を問題にすることは、堕落である。そして一層堕落を招く。「誰が正しいか」を問題にするならば、部下は、策は弄しないまでも保身に走る。さらには、間違いを犯した時、対策を講ずるのではなく、隠そうとする。」

仕事は失敗がないように完璧を期すのは当然です。しかし、人間である以上、失敗をゼロにすることはできません。仮に失敗が起こったときに、失敗の原因をその人だけに求め、その人の評価を下げるようなことをしてしまえば、挑戦しない組織になってしまいます。誰もが過剰に失敗を警戒するようになるからです。たとえ、何か間違いをしても、自分ができる範囲内でなんとかしようとします。閉塞的な風土になり組織は活力を失ってしまいます。だから、誰が正しいかに関心を持つ人間を責任ある立場に置いてはならないのです。

③人格よりも頭のよさを重視する者

「第三に、人格よりも頭脳を重視する者を昇進させてはならない。そのような人間は未熟だからである。」

組織の責任者は、好かれる必要はありませんが、尊敬を受けることは必要です。たとえ意見の食い違いがあっても、その意見に人格の発露があれば、ついていこうと思います。一方、どんなに頭の回転が速く、言葉巧みであっても、人間性を失った者に力を出すことはできません。得たい結果を手に入れるためには、手段を選ばないような人間は、人間組織を破壊してしまいます。だから、頭脳を重視する者を責任ある立場に置いてはならないのです。

④有能な部下に脅威を感じる者

「第四に、有能な部下を恐れる者を昇進させてはならない。そのような人間は弱いからである。」

有能な部下を恐れるとは、「自分のポジションが脅かされるのではないか?」という不安に駆られるということです。権威で仕切られた形式的で柔軟性に欠ける組織であればあるほど、そのような人の不安をつくり出します。誰もが生活をかかえているがゆえに、そのような不安があるのも現実です。どんなに優秀でも、自分本位のエゴに凝り固まってしまえば、社会に貢献していくことはできません。本当に成果をあげたいと考えている人は、自分よりも優秀な人間が欲しいはずです。有能な部下に脅威を感じる人は、組織で成果をあげられないばかりでなく、部下を潰してしまいます。だから、有能な部下に脅威を感じる者を責任ある立場に置いてはならないのです。

⑤自らの仕事に高い基準を設定しない者

「第五に、自らの仕事に高い基準を定めない者も昇進させてはならない。仕事やマネジメントの能力に対する侮りの風潮を招く。」

言うまでもありませんが、「この程度でいいだろう」などという人間に仕事は任せられません。事業を底上げしていくためにも、仕事の基準は高く置かれなければなりません。責任者は、仕事に完璧はないとわかりつつも、完璧を追求する厳しい物差しを持たなければ、組織にいい加減さを許す考えが生まれてしまいます。だから、仕事に高い基準を設定しない者を責任ある立場に置いてはならないのです。

模範となりうる人格を持つ者だけを昇格させる

ドラッカーを初めて日本に紹介したのは、ドラッカー学会顧問の野田一夫氏です。私が師と仰ぐ野田氏とお話しした際、次のような話を聞いたことがあります。

「ドラッカーは、コンサルティングを引き受ける前に経営者の話をじっくり聞きながら、その人が指導者として組織を変革していけるかどうかを確認していた」

コンサルタントは、経営者の代行者ではありません。経営者に成果をあげてもらわなければ、コンサルタントも成果をあげることはできません。だから、ドラッカーは、相手が成果をあげられるかどうかをしっかり見極めることを怠らなかったのです。

私は、経営者の力量を測るようなおこがましいことはできませんが、コンサルタントとして成果をあげるために、経営者の話をじっくり聞いたり、経営会議に同席させていただき、自分がお役に立てるかどうかということを確認するようにしています。

「それは、会社が決めてくれればいいから！」

「いいから、会社の考えをはっきりさせてくれよ！」

「理念とか、使命を言って、なんぼ儲かるの？」

「オレ、経営とか、わかんないし……」

これは、ある会社で経営会議に同席させていただいたときに、取締役の方々が言っていた言葉です。私は「これでは成果をあげることはできない」「成す術なし」と思わざるを得ませんでした。経営の立場にある人からこのような言葉が出てきては、どうすることもできません。ドラッカーはこう言っています。

「このことは、企業のトップマネジメントについて特にいえる。組織の文化は、トップマネジメントから形成されていくからである。士気の高い組織は、トップマネジメントの士気が高い組織である。組織の文化が腐るのは、トップが腐るからである。「木は梢から枯れる」。したがって、とくにトップマネジメントへの昇格においては、人格を最も重視すべきである。要するに、部下となる者すべての模範となりうる人格をもつ者だけを昇格させるべきである。」（『現代の経営』）

ドラッカーが言う「このこと」とは、先に「こんな人は昇進させてはいけない」でお伝えした5つのことです。**会社の文化は、経営者の言葉と振る舞いによってつくられていきます。**

トップマネジメントへの昇格においては、部下から見て見習うべき見本となる人を昇格させなければ、組織はおかしくなってしまいます。

人事は、組織の内外に知れわたるところとなります。「なぜ、あんな人が経営チームの一人に……」と思われることは会社の品位を落とすことになります。経営チームのメンバーを人選する際は、会社の繁栄、社員の成長のために、先ほどお伝えした「こんな人は昇進させてはいけない」を厳守してください。

次に、人事にどのように取り組んでいけばいいのか、について話を進めていきましょう。

POINT

●真摯さに欠く者を責任ある立場に就けてはいけない。

●経営チームに昇格させるのは、模範となりうる人格を持つ者だけにすべきである。

人事の決定5つのルール

組織の成果を決めるもの

一口に「人事」と言っても、採用、配置、異動、評価、昇格、報酬など、異なる種類の決定が数多くあります。会社それぞれに規定を持ちながら、人間が絡む問題はあまりに複雑で、機械的に決められるものではありません。

事業はうまくいくこともあればうまくいかないこともあります。同じように、人事の決定においてもうまくいくこともあればうまくいかないこともあります。事業がうまくいかない場合、同じ失敗を繰り返さないように具体的な対策が打たれるのに対して、**人事がうまくいかない場合、同じ失敗を繰り返さないために具体的な対策が打たれることはほとんど**

ありません。成果をあげられなかった人に非難の矛先が向けられるだけです。
人事に関してどんなポイントを押さえておく必要があるのでしょうか。
ドラッカーはこう言っています

「人的資源から引き出せるものによって、組織の成果が決定する。それは、誰を採用し、誰を解雇し、誰を異動させ、誰を昇進させるかという人事によって決まる。人事に完璧はない。しかし、人事に成功している者はいる。彼らは五つのルールに従っている。」（『非営利組織の経営』）

ドラッカーが『非営利組織の経営』で紹介している、成功する人事の5つのルールについてお伝えしていきます。

①人事の失敗に責任を負う

人事に失敗があるたびに、「○○さんはできない人だった」として片づけてしまうのは責任逃れです。その人事について決めた人が間違ったのです。人事の決定責任をはっきりさせることによって、人事を決定する側の取り組みにも質が問われるようになります。

②成果をあげられなかった者を再度動かす責任を果たす

成果をあげられない人をそのままにしておくのは、全体の士気にかかわります。任命責任を果たすために、成果をあげられない人を再度異動させる、ということです。

決定を見誤った人には、それを修正する責任があります。成果のあがらない人をそのままにしておくのは、組織に不利益を及ぼすだけでなく、組織力を低下させてしまいます。また、力が発揮できない仕事を続けさせられることは本人のためにもなりません。それを放置しておくのは決定した人の怠慢です。

③成果があげられなくとも辞めさせたりしない

新しく任命した人がたとえ成果をあげられなくとも、精神的に追い込んだり、辞めさせたりしてはいけません。その人の強みが活かされていないと解釈しましょう。人事の決定は、その人の強みを発揮するために、その人が強みを発揮できる場所に配置する仕事です。

ゆえに、配置されたその人が成果をあげていないからといって、「ダメな社員」と決めつけてはいけません。「ダメな社員」なのではなく、ただ強みを発揮できない仕事を行っているだけです。実際、自分の強みに合った仕事に就いた人は、かなりの高い確率で業績をあげています。

米国対外援助協力会（以降、ＣＡＲＥ）という、様々な国に人を派遣する組織があります。各国に派遣される人のほとんどは、大学を卒業したばかりの若い人たちです。トレーニングを受けたとはいえ、見知らぬ国に1人で行くわけですから、失敗する率も高いのです。しかし、ＣＡＲＥは、成果をあげられない人がいれば帰国させて労をねぎらったうえで、再び他の国に派遣するようにしています。ＣＡＲＥは、一度仕事に失敗しても二度目の機会を提供しているのです。実際、二度目の機会を得た人の大半は成果をあげています。ここで大事な点は、「再挑戦の機会は一度だけ」ということです。

④常に正しい人事を行うよう務める

勘とセンスに頼らず、人事を正しい手順で進めることです。組織はそこで働く一人ひとりの能力以上の成果をあげることはできません。一人ひとりが成果をあげて、初めて組織は成果をあげることができます。同時に、組織の目的は、個の総和を超える総和の力を生み出すことです。したがって、人事は適切に行わなければならないのです。

ドラッカーは、GM（ゼネラル・モータース）の役員会に出席していた頃のことを『傍観者の時代』の中で紹介しています。

その役員会は、常に重要な経営政策について話し合われていました。役員会では小さな部署の責任者を決める人事にもかなりの時間を費やしていました。

時間のない社長が、なぜ小さな人事にも時間をかけるのだろうと不思議に思ったドラッカーは、その社長に、「あなたのように忙しく時間のない方が、どうしてあのような下の人事に4時間もかけるのですか？」と尋ねました。その社長の答えはこうでした。

「経営者の仕事は重要な決定を行なうことだ。どんなに小さな人事であっても、人事の決定を正しく行わなければ成果はあがらない。たとえ経営者がどんなに良い決定を下したとしても、それを具体化するのは、一つひとつの部署であり、そこで働く一人ひとりだ。人事を正しく行うために4時間をかけなければ、あとで400時間とられる。時間がないから時間をかける必要があるのだ。本当に重要な決定は人事だ。できることは人事を正しく行うことであって、成果をもたらすのは人事である」

「ゆっくり急ぐ」とはドイツの諺《ことわざ》です。即断即決を是非とするあまり、性急に決めて、あとになって困るよりも、じっくり検討して、あとはスムーズに進んだ方が、結果として速いということです。のちに問題が起こって何百時間もとられることのないよう、人事の決定に正しく取り組んでください。

⑤外部からスカウトしてきた者に周囲が手助けしやすい仕事を与える

外部からスカウトしてきた人には、周囲から見えても何を期待されているかがはっきりしていて、周囲が手助けしやすい仕事を与えるようにしましょう。外部からスカウトしてきた人に新しい大きな仕事を与えてしまい、その人が困ったとき、周囲の人が仕事の内容を理解していなければ、手助けすることができず、その人も新しい仕事でつぶれてしまう可能性があるからです。

POINT

●人を見分ける力はなくとも、人事の誤りを少なくすることはできる。

●人の強みを最大限活かせる人事を行うべきである。

—３—

人事の決定５つの手順

「強み」を基準に考える

人事の決定は一言でいえば、「**人を活かすこと**」です。人を活かすことに長けている人もいればそうでない人もいるでしょう。

ドラッカーは、「机の上で理論を考えた人」ではなく、「現場の中で現実を見てきた人」です。本書の「はじめに」でそんなことをお伝えしました。ドラッカーは、人事の決定においても、うまくやっている人の現実を見て、実際にどうやっているのか、そのやり方を教えてくれています。

アメリカ陸軍は１９４１年から１９４５年にかけて、大勢のリーダーを育て上げました。

その責任者は、時の大統領トルーマンの腹心の部下であったジョージ・マーシャルです。マーシャルが行っていた、「**人事の決定5つの手順**」をお伝えします。

①手順1　仕事の内容を理解する

「仕事の中身は変わっていく」

職務は変わらなくても仕事の内容はどんどん変わっていきます。十数年前は、パワハラ、メンタル不調と言った言葉は使われていませんでした。当然、経営者も、人事担当者も、仕事の中でそれらに関する対応はありませんでした。

しかし、現在は、多かれ少なかれ、パワハラ、メンタル不調という課題に対応せざるを得ない仕事があることは間違いありません。このように、職務は変わらなくても仕事の中身は変わっていきます。重要なことは、仕事の内容が変われば、それにふさわしい人材も変わってくるということです。

仕事の内容を吟味すれば、その仕事に求められる能力とそこで強みを発揮できる人材を結びつけることができます。したがって、人事の意思決定ではじめに行うべきことは、ポジションに人をはめ込むことではなく、**まず仕事の内容を深く理解する**ことなのです。

②手順2　複数の候補者を検討する

「重要なことは適材適所」

履歴書に記載されている学歴、職歴、資格はもちろん重要な情報です。しかし、それらは人材を選ぶ上での出発点に過ぎません。一方、必要条件を満たしていれば適格者というわけではありません。重要なことは、仕事の内容と候補者の強みが合致しているかどうかです。

最も適した人材を見つけるには、初めから1人に絞るのではなく、3人から5人の候補者を検討するようにするといいでしょう。

③手順3　候補者の強みを理解する

「成果は強みによってもたらされる」

「苦手な科目は頑張りましょう」。私たちは教育の現場でそう教えられてきました。学校は学ぶところですから、苦手な科目を頑張るのは当然です。一方、会社は得意なことで成果をあげるところです。しかし、私たちは得意なことで成果をあげるところにいながら、長年にわたって培われた習慣によって、人に対しても、自分に対しても、できないことに目を向けてしまいがちです。

実際、人事の話し合いをしているとき、「その人の人間性はどうか」といった人間評論に陥ってしまいがちです。押さえておかなければならないことは、その人の分析ではなく、「**あげてほしい成果の内容とその人の強みはマッチしているかどうか**」です。

先に、人事の決定は「人を活かすこと」とお伝えしました。「人を活かすこと」とは、その人の強みを発揮させることです。弱みは、その人の限界にすぎません。仕事の成果は強みの上に築かれるのです。ゆえに、最も重視すべきは、仕事を遂行するその人が持つ強みです。押さえるべきことは、「何ができないか」ではなく、「**何ができるか**」です。

したがって、その人の強みに注目し、その強みが仕事の内容にふさわしいかどうかを見極めていきましょう。

ドラッカーは『傍観者の時代』で、自身のコンサルティングの経験から、成果と強みをセットで考えることによって人事の誤りを防いでいたＧＭ（ゼネラル・モーターズ）の事例を紹介しています。

ＧＭの役員会で人事について話し合っていたときのことです。

役員全員が、ある人間を昇格させる考えに賛成でした。これまで様々な問題を切り抜けてきた経験があったからです。社長は「なぜ彼はいつも問題に引きずりこまれるのか」と問いただしました。すると、その人間を昇格させようという声は消えました。またあるとき、役員全員がその人のできないことを挙げて、その人の昇格を渋っているとき、その社長はこう尋ねました。

「その人間のできないことばかり取りあげているようだ。彼がしたことの結果はどうなったのか。彼の強みは何か」

説明を聞いた社長は、

「実績はあげているようだ」

と言って、その人間を昇格させました。昇格したその人は、事業部の責任者として、難局を乗り切ったのです。人事の話し合いをするときは、あげてほしい成果とその人の強みをセットに検討してください。

④手順4　客観的な意見を聞く

「重要な情報は上司や同僚から得られる」

自分の視界に映らないものや、自分の情報源では得られないことを知っておくために、以前その人と一緒に働いたことのある人たちから話を聞くことも大切です。最も有用な情報は、その人のかつての上司や同僚たちの話から得られます。人間一人の認識には限界があります。特に人事の決定にあっては、自分の判断などあてにならないくらいに考えるほうが賢明です。

複数の人から様々な見解を得ることによって、自分だけでは気づけなかったその人の側面を知ることができます。また、他の人の印象に残った候補者の強みを発見することもできます。言うまでもありませんが、これは、単なる噂話を鵜呑みにするということではありません。あくまでも自分の認識以外に何があるかを客観的に知るための確認です。あらゆる角度から検証された判断によって、「今、遂行されるべき仕事はこれである」「その仕事に最もふさわしい強みを持った人はこの人である」――そう確認できたとき、決定するようにしましょう。

⑤手順5　仕事の内容を確実に理解させる

「徹底して考えさせる」

人事のゴールは、決定ではなく、その人に成果をあげてもらうことです。人事を決定したあとは、その人に自分が担うべき仕事の内容を理解してもらうように努めましょう。具体的には、実際に仕事に就かせて働いてもらった3カ月後、本人に「**成果をあげるために何をしたか**」「**成果をあげるために何をしようとしているか**」を提出させるのです。すると、こちらとその人の「期待していること」の違いに愕然《がくぜん》とすることがあります。「あれだけしっかり伝えたのだから、わかっているだろう」と思わず、組織のためにも、お互いのためにも、事後フォローをしっかり行ってください。

POINT

●人事の意思決定はまず、仕事の内容を理解することから始める。
●人事の意思決定で、最も重視すべきは仕事を行うその人の強み。

第４章のまとめ

- 真摯さに欠く者を責任ある立場に就けてはいけない。
- 模範となりうる人格を持つ者だけを経営チームに昇格させる。
- 人的資源から引き出せるものによって組織の成果が決まる。
- 人を見分ける力はなくとも、
人事の誤りを少なくすることはできる。
- 人の強みを最大限に発揮させ、弱みを意味のないものにする。

SUMMARY

CHAPTER5

第5章
経営人材をどう育成するか

「明日のマネジメントにあたるべき人間を、今日用意しなければならない。明日のための人材、特に、明日のトップマネジメントを育成し、組織の精神をつくりあげなければならない。」

（『経営者の条件』）

自分の分身をつくってはいけない

第4章では、「経営人材をどう選べばいいか」ということについてお伝えしました。第5章では、「経営人材の育成に具体的にどう取り組めばいいのか」ということについてお話しします。

経営人材が育たなければ会社は死ぬ

「頼りにできる役員が育たない……」
「相談できる幹部がいない……」
「いまの役員はよくやってくれているが、同じやり方が通用しない……」

これは、多くの社長からお聞きする共通の言葉です。**経営人材に限らず、人材の育成はあらゆる組織にとって極めて重要な課題です**。

ある企業の例をお話しします。

創業約50年、年商約１９０億円、従業員３００名、法人向けサービスを提供している会社です。サービスの品質も高く、長年にわたるサービスの提供を通してお客様からの信頼を獲得し、業界の中では強いブランドを築き上げてきました。

創業者は、自分だったらいくらでも売ることができるというほど高い営業力を持ち、業界でも一目置かれ、社員からの信頼も篤い人でした。

市場が伸びているときは、営業力があれば業績を伸ばしていくことができます。この会社は、業界全体が成長していた時期は勢いに乗って順調に業績を伸ばしていました。創業者は、持ち前の営業力を発揮して、時流に乗って会社を成長させてきたのです。

しかし、市場が成熟すれば、営業力だけでは事業を伸ばしていくことが難しくなります。競争相手が新しいことを始め、それが市場に受け入れられれば、これまで提供してきたものは時代遅れとなり、サービスの価値が下がってしまいます。何も手を打たなければ、業績が落ち込んでいくのは、自然の流れです。時流に乗って成長しただけの事業は、時流とともに確実に下降していきます。この会社は、そのような状況に直面していました。

先にお伝えしたように、この会社の創業者は営業出身で、他の取締役3名も営業の仕事だけをやってきた人たちでした。経営会議を開いても、経営については何も語られず、話し合いの内容は、「営業体制をどうするか」「営業拠点をどこに増やすか」「営業マンのやる気をどう高めるか」といったことで、経営陣全員が「営業をどう強化するか」ということだけに時間を費やしていました。

市場が成熟期にあるとき、会社の課題を営業強化に絞るのはあまりにも危険です。この会社がやるべきことは、お客様の新しいニーズを掘り起こし、新しいサービスを考え出すことでした。

しかし、創業者はその3名の取締役に営業の仕事しか与えていませんでした。彼らにとって「取締役」という役職は、営業で大きな売上をたたき出した功績による名誉職に過ぎなかったのです。ですから、彼らは取締役に就いていても仕事の内容はまったく変わらず、やっている仕事は営業だけでした。創業者は、自分と同じ営業力のある人間を増やせば、売上を伸ばしていけると考え、第二、第三の自分をつくろうとしていたのです。

経営者が経営の仕事にあたらなければ、誰がその会社の経営を担うのでしょうか。**経営**

人材を育てなければ、会社は間違いなく死んでしまいます。

ドラッカーはこう言っています。

「明日マネジメントに当たるべき人間を今日用意しなければならない。明日のための人材、特に、明日のトップマネジメントを育成し、組織の精神をつくりあげなければならない。」

（『マネジメント』）

経営者は、自分の分身をつくってはいけない

「今、会社の将来を考えている。そこで自分の同じ起業家タイプの経営者を育てたい」

これは、ある会社の社長とお話をしていたときにその社長から聞いた言葉です。

しかし、自分と同じタイプの経営者を育てることはお勧めできません。

ドラッカーはこう言っています。

「経営者に限らず上司は、自分のコピーをつくりたがる。上手くいって一回り小さなコピーが出来上がるだけである。収縮のスパイラル。どだいコピーが本物であるはずもなく、異質性の中から活力が生まれるということを無視してはならない。」（『ドラッカー20世紀を生きて』）

経営人材の育成で押さえておかなければならないことは、「その人をこちらの望む型にはめ込むこと」ではなく、「**その人の一番いいところを引き出すこと**」です。

学問の分野では、「理系」とか「文系」という分類があります。それは、社会に「理系」や「文系」という独立した世界があるかのような錯覚を起こさせるほど、便利な言葉です。しかし、現実の社会に理系や文系といった区分はなく、それぞれが複合的に入り混じりながら、時々刻々と変転する自然界のように、片時も止まることなく、様々な事象が社会を形づくっています。

理系と文系という区分がないとはいえ、人間が就く仕事には種類が実在します。その種類を大きく分けると「スペシャリスト」と「ゼネラリスト」と言えるでしょう。

ドラッカーはこう言っています。

「組織内のあらゆる人材を発掘し、高度の人材としてのスペシャリスト、および、判断力と決定力をもつ人間としてのゼネラリストとして育成することができなければならない。加えて、彼らの弱みを意味のないものにしつつ、強みを発掘させ、失敗が大惨事となり得ないレベルにおいてリーダーシップとして能力を試すことができなければならない。」（『企業とは何か』）

事業を進めるためには、専門性の高い人材（スペシャリスト）と専門家を率いる人材（ゼネラリスト）の両方が必要です。したがって、その両方を育成していかなければなりません。失敗した人間が干されてしまう組織は、誰もが失敗を恐れて挑戦しなくなってしまいます。挑戦のない組織に未来はありません。失敗が大惨事となり得ないレベルにおいて事業を推し進める経験を積ませることによって、人材を育成していってください。

経営人材は、自然に育つものではなく、教え育てていかなければならないのです。

経営人材の育成は明日から始める

小さな会社であろうが、大きな会社であろうが、その規模に関わらず、次の代に事業を継承するならば、経営人材の育成は避けて通れない重要な課題です。

では、経営人材の育成はいつから取り組めばいいものなのでしょうか。準備するのは今日で、始めるのは明日からです。**経営人材の育成は、重要度の高い仕事であると同時に、極めて緊急性の高い仕事**だからです。

経営者の育成に関わらず、人材の育成は促成栽培というわけにはいきません。今日生まれた子供が明日20歳になることはあり得ませんし、学問を学び、知識を得て大人になるのではなく、多くの人と関わりながら、嬉しいこと、悲しいこと、辛いことなど、様々な経験を通じて価値観を形成し、人間としての成長に至ります。

同じように、経営人材の育成も知識の詰め込みやスキルの習得のみならず、人と関わりながら、様々な成功体験と失敗体験を通じて、成長に至ります。経営人材育成の緊急性が高いのは、人間をつくる偉業であるがゆえに、それなりの時間を要するからです。

ドラッカーはこう言っています。

「経営管理者の育成とは、トップマネジメントの後任候補として昇進させうる人物を対象とする昇進プログラムのことではない。（中略）もし一つだけ確かなことがあるとすれば、仕事が要求するものや組織の構造は、これまでと同様、明日においても大きく変化していくということである。したがって必要とされていることは、昨日の仕事ではなく明日の仕事のための経営管理者を育成することである。」（『現代の経営』）

経営人材とは、「今日の問題を解決できる人」ではなく、**「明日の問題を提起できる人」**です。

ドラッカーはさらにこう言っています。

「正解は頭のよさやひらめきによって得られるものではない。正解が得られるのは正しい問いによってである。その正しい問いを得るのは、企業とは何か、われわれの事業は何かを知るための営々たる努力によってのみである。」（『マネジメント』）

経営に正解はありません。ここでドラッカーが言っている「正解」とは、事業を繁栄させる適切な意思決定のことです。

適切な意思決定は、単なる思いつきで導き出せるものではありません。天才的なひらめきで一時的に成功することはあっても、継続的に事業を成長させていくことはできません。

ドラッカーが、ソニー創業者の盛田昭夫氏、米国の広告会社のビル・バーンバックとランチをしていたとき、盛田氏にこんな質問をしました。

「日本の経営者と話をしていると、彼らのものの考え方は理に適っていると思えない。しかし不思議なことに適切な結論が出ていて、成果をあげている。これはいったいどういうわけですか?」

すると、横にいたバーンバックが答えました。

「合理的な決定を下すには、そのことに関するすべての事実と状況を知らなくてはならない。しかし、すべてを知るということは、ほとんど不可能に近い。アメリカの経営者は自分の考えが合理的だと思っているかもしれないが、それはたまたま自分が知っていることだけを前提としての話だと思う。実際には、自分の知らない事実が山ほどあるわけだ。このことを忘れていると、ある結論がどんなに合理的に見えても、ときにはとんでもない間違いをおかす可能性がある。それに比べて日本の経営者は、東洋的〝第六感〟というべきものがあるような気がする。日本の経営者は、おそらく、事実を一つ一つ繋ぎ合わせていくのではなく、まず全体像を把握し、それから自分の持っている知識と、〝第六感〟によって決定を下すのではないだろうか。その結果、ただ事実を論理的に組み立てて考える人たちより、全容を正しくつかむことができるのではないかと思う。」

私自身、この話から「**経営は自ら学び取るものである**」ということを学びました。

その正しい問いについては、第6章で詳しくお伝えします。

正しい問いを共に働くメンバーと共有し、事業の原点を問いただし、事業の可能性を見出す試みによって、適切な意思決定を導き出していくことができます。

明日の仕事のための育成とは、このように、自分たちで問題を提起し、自分たちで問題の解決策を考える継続的な取り組みなのです。

POINT

- **経営者は、経営人材の育成にあたって、自分の分身をつくってはいけない。**
- **経営人材とは、「明日の問題を提起できる人」である。**

—2—

企業にマネジメント教育は不可欠

教育が社会をつくる

教育は人間が生きていくためにはなくてはならないものです。人間が挑戦するために必要なものです。また社会の繁栄に不可欠です。

学校は理論を学習するところで、企業は現実と格闘するところです。学校は知識をインプットするところで、企業は知恵をアウトプットするところです。学校は問題解決を覚えるところで、企業は問題提起を扱うところです。学校の試験は個人戦で、企業の仕事は共同戦です。

教育は学校だけのものではなく、企業にとっても、なくてはならないものです。特にマネジメント教育は不可欠です。どんな仕事であろうと、人と関わりながら人とともに成果をあげるものだからです。言った通りにただ仕事をすればいいというのであれば、マネジメント教育はいらないと言えるかもしれません。

しかし、現実の社会はどんどん変わっていきます。社会がどう変わろうとも、現実と格闘しながら、知恵をアウトプットし、問題を提起することによって新しい機会を見つけ出して、人と共同して成果をあげていかなければなりません。社会をつくっていくために、企業にとってマネジメント教育は不可欠です。

人材の育成には2つの課題がある

人材の育成には2つの課題があります。1つは「**今日の仕事に必要なことを身につけてもらうこと**」、もう1つは「**明日の繁栄に必要なことを身につけてもらうこと**」です。

会社は人間を通じて成果を生む機能を持った組織である以上、いずれも身につけてもらう必要があります。

人材育成について話が及ぶとき、必ず耳にする言葉が「リーダーシップ」です。ただし、ドラッカーが主張しているリーダーシップは、例によって例のごとき巷に溢れるリーダーシップの解説ではありません。

ドラッカーは「世間で盛んに言いはやされているリーダーシップはリーダーシップでもなんでもない、むしろ有害だ」と言い切っています。

リーダーシップとは仕事である

リーダーシップ＝カリスマ性。いまだにそのような考えが残っているように思えます。「カリスマ性は百害あって一利なし」とドラッカーは言い切ります。「リーダーシップは目的を達するために必要な働きのことであって、ただの手段に過ぎない。大事なのは、〝リーダーシップそのもの〟より〝何のためのリーダーシップなのか〟である」とドラッカーは言っています。

仮に、車の運転がどんなにうまくても、目的地がなければ運転のスキルは活かされません。同じように、リーダーシップの能力がどんなに高くても、目的がなければリーダーシップの能力は活かされません。

ドラッカーは、「リーダーシップとは仕事である」と言い、具体的な仕事について次のように言っています。

「意味あるリーダーシップとは、組織の使命を考え抜き、それを目に見えるかたちで確立することである。リーダーとは、目標を定め、優先順位を決め、基準を定め、それを維持する者である。」（『現代の経営』）

リーダーシップの知識を学ばせることとは、リーダーシップの仕様書の内容を単に記憶させることに過ぎません。「組織の使命を考える」「それを目に見えるかたちで確立する」「目標を定める」「優先順位を決める」「それを運営に落とし込む」。リーダーの育成とは、それらに必要な力を養う場を与えるということです。

経営人材育成機関を社内につくる

ファーストリテイリングは、経営人材の育成を目的とした機関を持っています。それは、ファーストリテイリング・マネジメント・アンド・イノベーション・センター（Fast Retailing Management and Innovation Center）の頭文字をとって、ＦＲＭＩＣと呼ばれています。

ＦＲＭＩＣは、「新しい日本企業の姿を描ける人」「実際にそのような組織をつくり上げられる人」、さらに「それを世界中に広げられる人」の育成を目指して運営されています。まさに、「企業とは何か、われわれの事業は何かを知るための営々たる努力」について取り組んでいます。御社も、将来にわたって事業を繁栄させていくために、社内に経営人材の育成機関を持つことを強くお薦めします。

現在の世代は次の世代を育成し、次の世代はその次の世代に向けて次代を担う人材を育成していくことになります。

もし、この流れがどこかで途絶えてしまえば、企業は衰退の道へと突き進んでいきます。

経営人材の育成は、トップが思いついたときに行えばいいものではなく、必要に迫られたと

きに行えばいいものでもなく、何らかの形で組織化しなければならないのです。

けっして、大上段に構えて大袈裟なことをお薦めしているわけではありません。月1回の定期的な勉強会でもいいのです。

自社の明日の繁栄のために、何かアクションを起こしてください。

POINT

●企業にとって、マネジメント教育は不可欠である。

●リーダーシップとは手段であり、「何のためのリーダーシップか」が重要である。

—3—

上司の評価は部下を育成したかどうかで決まる

人材が育つか育たないかは経営者次第

ドラッカーは『ドラッカーの経営哲学』の中で、こんな事例を紹介しています。

アメリカの通販会社であるシアーズローバック社は１９４０年には管理職の育成に取り組み始めていました。将来を嘱望されていた２人の社員がいました。１人は売上と利益では大きな成果をあげていましたが、人材を育成することはしていませんでした。もう１人は売上と利益では大きな成果をあげたわけではありませんでしたが、多くの人材を育てました。

評価され、昇進したのは、後者の社員でした。売上と利益で大きな成果をあげたわけではありませんでしたが、多くの人材を育てあげた人を同社は選んだのです。当時の社長の考えはこうでした。

「前者の人は今日のための仕事をしているが会社の明日に貢献していない。しかし、後者の人は、会社の明日に貢献していた」

このときから、シアーズローバック社は、優れた人材が育つようになりました。その2年後、社長が変わりました。それまで人材の育成が重要視されてきましたが。売上げの額だけで評価が行われるようになりました。その結果、誰も人材の育成を重要視しなくなったばかりか、上司は部下の育成に関心を持たなくなりました。手間のかかる部下は、上司にとっては煩わしい存在であることさえありました。経営者へ昇格する基準に人材の育成はまったく考慮されなくなったのです。その結果、シアーズローバック社は、優れた人材が育たなくなりました。

人材が育つか育たないかは、経営者の姿勢にかかっています。具体的に言えば、組織運営のやり方にかかっています。

ドラッカーはこう言っています。

「あらゆる経営管理者に対し、人材の育成が仕事の一部であることを認識させなければならない。部下や跡を継ぐ者たちこそ重要な資産であるとすることが、彼ら自身の利益になるようにしなければならない。部下の成長は、育成した者にとって昇進に値する貢献としなければならない。障害となるようなことがあってはならない。」（『企業とは何か』）

「部下をどれだけ育成したか」を上司の評価基準に加えるだけで、上司の部下育成に関心度合いが大きく変わります。優れた人材を育てるために、上司の評価基準に、部下の育成を加えてください。

GEが取り組んだ人材育成

経営人材の育成について、ドラッカーは『ドラッカーの経営哲学』の中でこんな事例を紹介しています。

ＧＥ（ゼネラル・エレクトリック）のコーディナーは52歳で社長に就きました。そのときのトップマネジメントのメンバーはみな彼と同じ50代でした。当然みんな同じように年をとります。このままでいけば、10年後には、トップのメンバーは全員60代になってしまいます。今のうちに若い人間を経営チームに入れておかなければなりませんでした。

しかし、経営チームのメンバーにふさわしいと思える人材がいませんでした。社長に就任したばかりのコーディナーは早速、経営人材の育成の壁にぶつかりました。そこでコーディナーは2つのことを実行しました。

1つは、**権限を一カ所に集中させずに分散させました**。これによって、会計部門の責任者や技術部門の責任者を分権化された事業責任者にしたのです。つまり、専門職をマネジメントする人にしてしまったのです。責任者になった人はマネジメントしていかざるを得なくなります。その結果、仕事を通して、マネジメントする人間が育成されるようになりました。

2つ目は、**管理部門の事務的な仕事を最小限に絞り、主な仕事を電気機器類の将来の市場調査、人事方針の検討、事業の構想といった大きな仕事にしました**。こうして、管理部門の人間であっても、事業に関する分析や事業に必要な研究を行えるようになりました。

その結果として、事業を理解する人間が増え、将来経営幹部として有望な人間を輩出することに成功しました。同時にその管理部門の中で、能力ある人間を本社の管理部門の責任者にしていきました。

コーディナーが62歳になったとき、マネジメントの経験を積んだ若い人間が揃っていました。10年の歳月を費やして、経営者の育成の壁を解決したのです。

POINT

●部下の成長を昇進に値する貢献としなければならない。

●「部下をどれだけ育成したか」を上司の評価基準に加える。

—4—

正しい権限委譲で部下を活かす

それは間違った権限委譲

権限委譲とは、「**上司がさらに価値ある仕事を行うために、自分の仕事を部下に移すこと**」です。権限委譲は、部下の成長を目的に行っていけません。ところが、多くの権限委譲が部下に仕事のやり方を教え、上司が教えた通りに部下に仕事をさせる、というものになっています。

権限委譲した上司は、自分の教えた通りに部下がちゃんとやっているかどうか気になります。上司は、部下の仕事のやり方から結果まで、何から何まで気になるために、部下の仕事を監視したくなります。事実、部下の仕事のやり方を監視します。そして、言った通り、ちゃんと仕事をしているかどうか、仕事のやり方から結果まで報告させます。

部下は、叱られないように、上司から言われた通りに仕事をするだけです。これは、権限委譲ではありません。単なる指示命令に過ぎません。権限委譲という方法で部下を育てようと考えながら、実際に行っていることは部下を自分の手足のように使っているだけです。

権限委譲とは先にお伝えしたように、「部下の成長のために、上司ができることを部下にやらせること」ではありません。「上司がさらに価値ある仕事を行うために、自分の仕事を部下の仕事に移すこと」なのです。あなたが今行っていることは、権限委譲でしょうか、それとも指示命令でしょうか。

指示命令で人は育たない

指示命令で人は育ちません。また、指示命令で人を動かすことはできません。たしかに、肉体労働が主体の時代は、指示命令で人を動かすことができました。目に見える単純作業は、ちゃんと働いているかどうか監視することができました。しかし、知識労働は、知識や情報を使う仕事です。監視したとしても、実際は何をやっているかわかりませんし、知恵を出せと命令したからといって、ポンと出てくるものではありません。

知識労働者が成果をあげるためには、今までのやり方を改善したり、もっと良いやり方を見つけ出していかなければなりません。自発性が必要なのです。その自発性は、指示命令によって生まれるものではありません。知識労働者が主体の今日にあっては、指示命令で人を動かそうとしても、うまくいきません。では、どうすればいいのでしょうか。ドラッカーはこう言っています。

「知識労働者にとって必要なものは管理ではなく自立性である。知的な能力をもって貢献しようとする者には、大幅な裁量権を与えなければならない。自らが使命とするものを自らの方法で追求することを許さなければならない。ということは、責任と権限を与えなければならないということである。」（『Ｐ・Ｆ・ドラッカー　理想企業を求めて』）

課せられた成果に伴った責任と権限が与えられていなければ、自立性は生まれません。上司の支配下に置かれた仕事ではなく、**自分の仕事は自分の判断で働くことができる中でこそ自立性は生まれるのです**。成果をあげ、成長してもらうためには、自分の仕事は自分の判断で進めることができるようにしてあげなければならないのです。

責任と権限を与えなければならない

価格競争が厳しい中国市場で顧客拡大を命じられている営業担当者がいました。その営業担当者は値引きの権限を一切与えられていませんでした。そのため、上司に顧客の状況を説明し、何をするにしても、逐一上司の了解を得なければなりませんでした。彼は、成果をあげるうえで、十分な権限が与えられていなかったのです。

顧客の拡大が実らない原因は自分にあるのではなく、「上司が市場を充分に把握できていないからだ」と思い、彼に自分の仕事を改善しなければならないという考えは起こりませんでした。

思う存分仕事ができる権限を与えない限り、仕事の改善も、本人の成長も期待できません。仕事を通して成長してもらうためには、「**責任と権限を与えなければならない**」のです。

ぜひ、あなたの部下に具体的な権限を与えてあげてください。

責任ある仕事を任せれば人は成長する

あるIT企業に社長からも部下からも信頼されている優秀なマネジャーがいました。そのマネジャーは、「新人がプロジェクトを運営できるようになるには3年かかる」と言っていました。何年か経った頃、そのマネジャーは子会社の社長になっていました。5名のメンバーとともに新しい事業の立ち上げに日々奮闘していました。

子会社とはいえ社長ですから、その会社のことについてはすべて任され、報酬も業績に応じて自分で決めていました。さらに2年が過ぎた頃、彼は「新人の育成は半年あれば十分だ」と言うようになりました。新人の育成に対する考えがすっかり変わっていたのです。

誰かに説得されて考えを改めたわけではありません。自分に課せられた責任と向き合うことによって、自分で自分の考えを変えたのです。このように、**責任ある仕事を任せれば、人は考えを変え、成長していきます**。ぜひ、あなたの部下に具体的な責任を与えてあげてください。

突然、責任と権限を与えても失敗する

「部下に責任と権限と与えましょう」ということをお伝えしてきました。しかし、ある日突然、責任と権限を与えることは、自転車に乗ったことのない子どもを練習もさせずに自転車に乗せるのと同じです。いきなり自分の足で自転車をこぎなさいと言われても、すぐに転んでしまいます。自転車に乗ったことのない子どもであれば、はじめのうちは補助輪をつけて背中を押してあげたりするなどして、自転車のこぎ方を覚えるまで見守ってあげなければなりません。

部下に権限と責任を与えて、仕事を全面的に任せるのもそれと同じことです。**権限と責任を持って働いてもらうためには、ある程度練習が必要なのです**。たとえ失敗しても大惨事には至らない程度の大きさの責任と権限を持たせ、その責任と権限を少しずつ大きくしていけばよいのです。ぜひ、あなたの部下の責任と権限を少しずつ大きくしてあげていってください。

比べず、焦らず、諦めず

「成長する人には共通点があります。それは誰かの引立てがある。必ず目をかけてもらっているんです。人間、自分のことを信じ、伸ばそうとしている人がいると、本当に力を発揮します。元気も出ます。人は、こちらが信じれば、必ず答えてくれます」

こう語るのは、1973年に開業した日本有数のお好み焼きチェーン、千房株式会社創業者中井正嗣社長です。採用に関しては、学歴、過去、学業成績など一切問わず、徹底して人柄を重視しています。採用した人は「比べず」「焦らず」「諦めず」を信条として接してます。実際、優れた人材の育成に成功し、事業を伸ばしています。ぜひ、社員を引立て、社員に目をかけ、社員を信じ、社員の力を発揮していってください。人はコストではなく資産なのですから。

POINT

●自分の判断で働くことができる状況下でこそ、自主性は生まれる。

●責任と仕事を任せれば、人は考えを変え成長する。

経営人材5つのトレーニング

部門の壁に仕切られた視界

ほとんどの人がある部署に配属され、その部署で仕事をしています。一つの分野で経験を積みながら力をつけていきます。何年か経ち、技術の担当者は技術課長へ、経理の担当者は経理課長に昇進します。その昇進の基準となるのは、その分野での能力によるものです。たとえ技術課長や経理課長としてマネジメントの仕事をしたとしても、その部署の仕事の範囲を出るものではありません。

技術部長や経理部長に昇進した人が、さらに何年か経ち、経営幹部に昇格したとします。昨日まで技術部長や経理部長だった人が、ある日突然、経営チームの一員として会社全体に立った視野で仕事に当たらなければならなくなります。

この瞬間、仕事の勝手が大きく変わります。一つの分野に専念してきた技術部長や経理部長は、経営者として必要な知識と十分な訓練を受けているとは言えません。それどころか、これまで仕事をしてきた分野で培ってきた知識と経験がかえって経営者としての仕事の妨げになる場合があります。

事実、経営チームの一員になったとしても、部門の壁に仕切られた視界では、会社全体は見えません。経営チームのメンバーとなった人が、部門の壁に仕切られた範囲だけの視界しか持たないことは極めて危険です。こうして会社は、気がつかないところで、経営が疎かになっていきます。

勝手が変わる経営者の仕事

「社長、経営って何ですか?」

これは以前、私がある会社で取締役に任命されたときに、当時の社長に言った言葉です。

営業部の仕事は営業をすること、経理部の仕事は経理をすることです。それと同じように、経営者の仕事は経営をすることです。

しかし、何をすれば経営をしていると言えるのか、何をしなければ経営をしていないことになるのか。当時の私には、それがまったくわかりませんでした。

理屈ではわかっていたつもりでした。しかし、わかっていることとできることはまったく違いました。私は、当時の上司である社長が丁寧に教えてくれることを期待して、「社長、経営って何ですか？」と尋ねました。「私は取締役として何をすればいいのでしょうか」と聞いたのです。

社長の答えは、「それを考えるのが君の仕事だ！」でした。厳しい口調でしたが、今思えば、「**経営者の仕事は何をするべきかを自分で考えることだ**」と教えてくれた気がします。そのとき、「**経営者の仕事とは、会社全体を考え、最もやるべきことは何かを自らを決定することなのだ**」と理解しました。

とはいえ、私は取締役に昇進してうれしかったものの、事実上、社会人一年生に逆戻りしたのと同じでした。しかも、「自分の仕事は自分で考えなさい」ですから、私は困り果ててしまいました。

ほとんどの経営者は、前述したように、一つの分野で経験を積んで経営者になっています。なかには学生時代に起業してそのまま経営者になった人もいますが、ほとんどの経営者はある分野の仕事で経験を積んで経営者になっています。それがある日、経営者になった途端、仕事の勝手が変わります。

ゆえに、前もって経営者としてのものの考え方や、物の見方を教えておく必要があります。それが、経営人材の育成です。

取締役の仕事は何か？

何をやるべきか——。それは、経営の本には書かれていません。自分で考え、自分で見つけ出す以外にありません。

第１章でお伝えしたとおり、会社のリーダーである取締役の多くが１つの部門の責任者を兼任しています。結果として部門の責任者としての仕事のみに専念してしまいます。一つの部門のリーダーに収まってしまい、そこから抜け出すことのできないリーダーがたくさんいます。かくいう私がそうでした。

「本田宗一郎は技術」「藤沢武夫はマネジメント」。ホンダがそのように役割を明確にして経営を進めていったことはご存知の通りです。

当時、副社長だった藤沢武夫氏は、会社の将来を見据えて経営人材の育成を自分の責任と課し、次のような手を打ちました。まず、取締役の兼任をすべて解いて専任にしました。「取締役兼○○本部長」という肩書きから「○○本部長」という役職を取ってしまったわけです。

そして、「取締役の仕事は何か?」ということについて考えるミーティングだけを取締役の仕事にしました。実際、4カ月間、「取締役の仕事は何か?」ということについて考えることしか、させなかったといいます。それは、藤沢氏が取締役に行った経営人材の育成でした。

最も重要な仕事は何かを考え抜く

当時のホンダの取締役たちから、「改めて考えてみると取締役としての仕事を何もしていなかった」という声が上がりました。こうして、当時のホンダの取締役は、取締役として自分が担うべき責任を見出し、取締役として自分があたるべき仕事を定めていったのです。

経営者の最も重要な仕事は「**最も重要な仕事は何かを考え抜くこと**」です。取締役は「一つの部門の歯車になること」ではなく、「**会社全体の潤滑油になること**」です。

取締役が、会社全体の潤滑油として機能するためには、取締役が自ら「自分が担うべき責任は何か」を考え抜かなければなりません。取締役に「どんな成果をあげるべきか」を考え抜いてもらい、話し合いを通して、明確な責任と具体的な仕事を定めてもらうよう導いていってください。

経営人材を育てる5つのトレーニング

成果は組織を通じて生まれます。たとえ優秀な人材が集まっても、人間の組織化は必要です。そこには必ずマネジメントがあります。マネジメントの力を身につけることは、スポーツの上達と似ています。

スポーツは、ルールを覚えたからといってうまくできるようになるわけではありませんし、体の鍛え方を学んだところで、筋肉がつくわけではありません。スポーツは悪いところは何度も何度も矯正しながら、繰り返し、繰り返し練習するはずです。その後、いろいろな経験を積み重ねて力をつけていきます。

また、体を鍛えるのに講義を受けただけで完結することがないのと同じように、マネジメントの力をつけるのも講義だけで完結することはありません。マネジメントの力も実践してはじめて力が身についていくのです。

ところが、多くのマネジメント教育が知識を詰め込むだけで、現実の仕事に結びつけて実践する場がありません。それでは、現実の力は身につきません。

マネジメントの力を身につけるためには、先にお伝えしたとおり、繰り返し練習しなければなりません。ぜひマネジメントの経験を積む機会を与えてあげてください。

では、具体的にどのようにマネジメントの経験を積む機会を与えればいいのでしょうか。

ドラッカーはこう言っています。


「マネジメントには基本的な仕事が五つある。第一に、目標を設定する。第二に、組織する。第三に、チームをつくる。そのために動機づけ、コミュニケーションをはかる。第四に、評価する。第五に、自らを含めて人材を育成する。」（『マネジメント』）

経営人材の育成は、次の５つから始めてください。先ほどお伝えしたように、はじめからうまくいきません。繰り返し、繰り返し練習させてあげてください。

①目標を設定する

目標を設定するとは、「それを達成するぞ！」と思ってもらうことです。会社の使命が何らかの形で社員一人ひとりの日常の仕事になっている――。そんな状態をつくるため、組織全体の目標を決めてください。次に、組織全体の目標に向けた部門目標を決めてください。組織全体の目標が決まれば、会社をあげて行うべきことが導き出されます。

- 組織全体の目標を決める
- 組織全体の目標達成に向けた部門目標を決める
- 会社をあげて行うべきことを決める

②組織をつくる

組織をつくるとは、「どう力を合わせればいいかわかった！」という状態にすることです。

組織全体の目標を達成するために、組織をあげて何を取り組めばいいかを決めましょう。そして、その活動を構成する仕事を洗い出してください。さらに、責任者を決めて、仕事を人に割り振って、目標を達成するための活動が組織運営される状態にしてください。

- 組織全体の目標を達成するための活動を決める
- その活動を具体的な仕事に落とし込む
- 仕事を人に割り振る

③動機づけを行う

動機づけを行うとは、「よし、がんばろう！」と思ってもらうことです。上司は自分の考えを部下に理解してもらい、部下は自分の考えを上司に理解してもらいましょう。そのためには、水平的な協働が必要です。話し合いが必要であり、確認が必要です。目標達成に向けた具体的な成果に何をもって応えるかを決めましょう。

- 自分の考えを部下に理解してもらう

- 部下の考えを理解する
- 成果に何をもって応えるかを決める

④評価測定する

評価測定するとは、「次はもっとがんばろう！」と思ってもらうことです。上司の責任は、部下の助けとなり、部下に成果をあげさせることです。ゆえに、上司は自分の責任を果たすために、部下の仕事を評価しなければなりません。評価とは、「立てた目標に対する結果に点数をつける単純作業のこと」ではありません。評価のねらいとは、「**目標を適切に設定するスキル、目標を達成するための工夫をさらに高めてもらうこと**」です。大事なことは、「部下を評価すること」ではなく、「**部下の仕事を評価すること**」です。あくまでも評価は、人間に対してではなく、仕事に対して行うものです。責任ある立場についてから、上司が部下を適切に評価できなければ、部下を伸ばすことができないだけではなく、もともとある部下の意欲を削いでしまいます。部下を正しく導き、部下の力を引き出すために、早いうちから、部下の仕事を正しく評価する練習が必要なのです。働く人の注意が、組織全体の目標達成に払われる物差しを決めましょう。そして、何をもって働く人の貢献度合いを測るかを決めましょう。なぜ、その物差しで測るのか、その意味を組織に周知してください。

- 組織全体の目標達成に払われる物差しを決める
- 何をもって働く人の貢献度合いを測るかを決める
- なぜ、その物差しで測るのかを周知する

⑤自らを含めて人材を育成する

自らを含めて人材を育成するとは、「**互いが互いに尽くし抜くこと**」です。部下が成果をあげるかどうかは上司で決まります。部下が強みを活かせるかどうかも上司で決まります。部下の仕事に対する姿勢は、上司で決まります。部下がまっすぐ育つか、ねじ曲がるかは上司で決まります。**部下を成長させるのに一番必要なことは、上司である自分が成長することです**。自分がどう成長し、部下をどう伸ばしていくかを決めさせてあげてください。

- 自分が新たに見つけるべき能力を明らかにする
- 部下の強みをどう活かすかを決める

・部下の成長にどう尽くすか具体的な行動を決める

以上5つのことを、幹部の方にさせてあげてください。以上のことを3カ月に1回、半年に1回でも構いません。トレーニングとして仕事の中に組み込んでください。

「いったい何をやらせようというのか、上の考えがわからない！」という文句も出てくるでしょう。しかし、経営メンバーに昇格させてから、「急にやれと言われてもできない」と言われても困ってしまいます。そうならないためのトレーニングです。

人事評価制度に加えるべき3つの項目

先ほど、部下の強みを引き出すことはマネジメントを担う人の役目だとお伝えしました。それは、何らかの運営に落とし込まない限り、「部下の強みを引き出しましょう！」というかけ声で終わってしまいます。この本を閉じた瞬間、「強み」という言葉は忘れ、同僚、上司、そして自分自身の弱みだけに目が行く、いつもの習慣に戻ってしまいます。

ドラッカーはこう言っています。

「**成果をあげるには、人の強みを生かさなければならない。弱みからは何も生まれない。成果を生むには、利用できるかぎりの強み、すなわち同僚の強み、上司の強み、自らの強みを総動員しなければならない。**」（『経営者の条件』）

あらゆる強みを総動員し、成果をあげていくために、人事評価制度に次の3つを加えてください。人は評価される方向に向かって行動します。したがって、この方法は効果的です。

①人事評価制度に「強み」という項目を加える

現在の人事評価のほとんどが、人の強みに焦点を当てたものになっていません。事実、お客様の人事評価の基準を見せていただいても、一人ひとりが一個の存在として、どこに強みがあるのかまったくわかりません。単に優秀でありさえすればいいという制度になってしまっています。

人事評価制度の最終目的は、「人を評価すること」ではなく、「**人が成果をあげ、組織が成長すること**」です。本来、一人ひとりが成果をあげ、組織が成長させるための手段の一つとして、人の評価があるわけです。評価することそのものが目的化してしまうと、人と組織を誤って方向づけてしまい、人も組織も本来持つ力を発揮することができなくなってしまいます。

人の弱みや性格、そして態度は、根底から変えることは不可能です。強いて言えば、それを変えられるのは本人だけです。また、会社は、人の弱みに構っている余裕などありませんし、その人を変える権利もありません。

②お互いの強みを公表して理解し合う

社員一人ひとりに自分自身、上司、部下、同僚の強みを挙げてもらいましょう。強みを活かすには、まず本人が自分自身の強みを知らなければなりません。

実際、自分の弱みは自覚していても、強みは自覚できないものです。自分の強みを他者の力を借りて知ることができ、他者の強みを知らせることで、お互いにフィードバックし合うことができます。他者に自分の強みを挙げてもらうと、自分では思ってもみなかった強みを知らされることが多々あります。ぜひ一度試されることをお薦めします。思ってもみないその効果に驚くでしょう。

③人の強みを活かす運用

①と②を運用に落とし込んでください。

実際に「現在の仕事で強みがどれだけ発揮されているのか？」「他者の強みをどう活かしているか？」「他者の弱みにどのような手助けをしているか？」と半期に一回問われれば、次の半期は「自分の強みをどう活かしていくか？」「他者の強みをどう活かしていくか？」「他者にどんな手助けをすべきか？」全員がそのような考えに立たざるを得なくなります。

POINT

●部門の壁に仕切られた視界しか持たないことは極めて危険。

●人事評価制度に「強み」という項目を加える。

第５章のまとめ

- 経営人材の育成は極めて重要である。
- 経営者は経営人材の育成にあたって、自分の分身をつくってはいけない。
- 経営人材とは、「明日の問題を提起できる人」である。
- 「部下をどれだけ育成したか」を上司の評価基準に加える。
- 部下には具体的な責任と権限を与えなければならない。
- 人事評価制度に「強み」という項目を加える。

SUMMARY

CHAPTER6

第6章
経営チームはこうつくる

「それぞれの強みに応じて、誰がいずれの活動を担当すべきか、誰がどの活動に向いているかを検討しなければならない。こうしてようやく、トップマネジメント・チームが構築される。」

（『イノベーションと企業家精神』）

5つの問いで、経営の根幹を問いただす

第5章では、「経営人材をどう育成するか」ということをお伝えしました。第6章では、「経営チームのつくり方」についてお伝えします。

経営チームで話し合う

ドラッカーは経営チームをつくるために、「トップは事業について主要なメンバーに相談しなければならない」と言っています。多くの場合、社長が自分で考えて決めたことをメンバーに伝えるという形が多いと思います。

私は実際、主要なメンバーに相談しながら事業を進めている創業したばかりのベンチャーを見たことがあります。２００８年、私はフェイスブックの本社を訪問しました。米国企業視察のツアーで、ニューヨークとサンフランシスコにある数社を訪問した中の一社がフェイスブックでした。２００８年当時、日本で「フェイスブック」という会社名を知る人はほとんどいませんでした。私もそうでした。

「フェイスブック？　ミクシィの米国版か。２～３年もすればなくなるようなベンチャーだな」。当時はそれくらいにしか思えませんでした。

フェイスブック本社を訪問したときに会社説明をしてくれたのは広報の責任者でした。私はその担当者に「あなたにとって社長はどんな存在ですか？」と聞きました。このときはまだフェイスブックの社長がザッカーバーグだなんて知りませんでした。

広報の責任者はこう答えました。

「彼（ザッカーバーク）は一人で何かを決めることはしない。必ず話し合って決めてくれる。だから、仕事がやりやすい。きっと、そういう環境をつくろうとしているのだと思う」

このように、伸びている会社、伸びていく会社は、必ず原則に則って仕事をしているものです。経営チームをつくるのに最初に行うことは、経営チームで自分たちの極めて基本的な考えについて意思決定することです。

主語を「われわれ」にする

経営チームで話し合うとき、主語が「わたし」や「こちらの部署」であっては、お互いの考えが交わることはありません。しかし、主語を「**われわれ**」、または「**わが社**」にすれば、組織全体に立って考えざるを得なくなります。そして、組織全体に立った発言にならざるを得なくなります。

お互いが、組織全体に立って考え、組織全体に立った発言になるとき、考えの接点が生まれ、初めて「われわれ」の考えを創り出していくことができます。共通の考えを創り出すことによってはじめて、仕事上の協力関係を生み出していくことができるのです。

今日から、社内で何か話し合いをするとき、「**主語を〝われわれ〟にしよう**」と申し合わせをして進めてください。実際、私は経営チームのコンサルティングのお仕事をさせていただく場合、主語を「〝われわれ〟にして話し合いましょう」と申し合わせをしたうえで進めるようにしています。効果があるのでやってみてください。2～3カ月継続すれば目に見える効果を実感できるはずです。これが仕事上の協力関係を生み出す第一歩となります。その小さな一歩は、きっと大きな前進になることでしょう。

最も重要な5つの問い

経営の根幹に関わる方針について、経営チームに共通の考えがなければ、何か重要なことを決めるときに正論と正論がぶつかり合う消耗戦になってしまいます。正論と正論がぶつかり合うというのは、そもそも間違っていることを言っている人などいないからです。建物は地面の下にある基礎がなければ、どんなに良い建物でも簡単に崩れてしまいます。同じように、会社も経営の根っこがしっかりしていなければ、どんなに良い手法を駆使しても簡単に倒れてしまいます。

経営者は、その職務を果たすために、何を考え、何を決め、何を行えばいいのでしょうか。経営者のそんな難題に助けの手を差し伸べてくれるものが、「**最も重要な5つの問い**」です。この「最も重要な5つの問い」は、「わが社が社会に貢献できることは何か」「わが社はどんなお客様のお役に立ちたいのか」「お客様が望んでいることは何か」ということについて、いろいろな角度から考えを巡らし、さまざまな視点から会社の考えをしっかり固めていきましょうということが質問形式でまとめられたものです。

ドラッカーは、著作『The Five Most Important Questions』で、「最も重要な5つの問

い」を教えてくれています。ドラッカーが亡くなったのは2005年です。この著作の発刊は2008年で、ジム・コリンズやフィリップ・コトラーなどの協力によってまとめられたものです。

「最も重要な5つの問い」とは、以下の5つです。

第一の質問「われわれの使命は何か」
第二の質問「われわれの顧客は誰か」
第三の質問「顧客の価値は何か」
第四の質問「われわれの成果は何か」
第五の質問「われわれの計画は何か」

極めて基本的な考えについていざ経営チームで話し合うと、お互いの考えに違いがあることが浮き彫りになります。一つひとつの問いに対する考えをそれぞれで出し合い、議論を通じて、共通の考えをつくり出してください。共通の考えをつくり出す取り組みによって経営チームが形成されていきます。これら5つの問いの中にさらにたくさんの問いがあります。ここでは、その一部を紹介いたします。

第一の質問「われわれの使命は何か」

事業の根幹に関わる意思決定をするために一番はじめに行うことは、「自分たちの使命は何か」を決めることです。それを教えてくれているのが、「第一の問い　われわれの使命は何か」です。

事業は、社会に貢献できる具体的な何かであり、使命から導き出されたものです。「**何のための経営なのか**」を問いただし、使命を明らかにするということは、自分たちの事業を理解することになります。

事業を提供する側が、自分たちの事業の深さを理解しなければ、事業を発展させることはおろか、お客様のお役に立つことはできません。もとより、物事は方法だけで発展させることはできませんし、情熱なくして成し遂げられた偉業はいまだかつてどこにもありません。

実際、多くの会社が経営陣の理念や使命を掲げながら、売上や会社の規模を大きくしていくことばかり考えてしまい、使命はただの飾り物になってしまっています。使命はあると言いつつも、そこで働く一人ひとりの仕事は、使命と完全にかけ離れたものになっています。

使命をはっきりさせ、使命が働く一人ひとりの仕事となって実行されていなければ、何をやってもうまくいきません。もちろん一時的にうまくいくことはあるでしょう。しかし、小手先の手法は長続きしません。使命が組織で共有されていなければ、一人ひとりの力はバラバラになってしまいますし、会社は本来持っている力を発揮できません。やがて行き詰まってしまいます。

私は仕事で、使命を見直したり、使命を新たに決めるお手伝いをしています。そのとき、お客様からこんな言葉が出てくる場合があります。

「業界で一番有名になる」

「売上何億円にする」

使命を考えるときのポイントは、**「自分たちのメリット、自分たちの都合、自分たちにとっての希望は考えない」**ということです。経営チームで次の問いに対する答えを意思決定してください。

- われわれにとってのニーズは何か？
- われわれが社会に貢献できる強みは何か？
- われわれがどうしても社会に実現したい社会のメリットは何か？

第二の質問「われわれの顧客は誰か」

使命が決まったら、次に行うことは「対象とするお客様を決めること」です。それを教えてくれているのが、「第二の問い　われわれの顧客は誰か」です。

事業を決めるのはお客様です。どのような人を事業の対象とするかで、何から何までやるべきことが決まってしまうからです。

本当に役立ちたいと思えるお客様を対象にしなければ、使命に対する情熱もいつの間にか冷めてしまいます。場合によっては、事業の方向性を見失ってしまうことさえあります。対象とするお客様を徹底的に考え、それを明らかにしないまま仕事を進めてしまえば、お客様と関係のないところで仕事を行ってしまうことになります。対象とするお客様をはっきりさせれば、何をやるべきで、何をやるべきでないのかが浮き彫りになります。経営チームで次の問いに対する答えを意思決定してください。

- われわれが事業の対象者とする人（会社）は誰か？
- われわれの事業を共に進めてくれる人は誰か？
- われわれの顧客はどう変化しているか？

第三の質問「顧客の価値は何か」

対象とするお客様が決まったら、次に行うことは、「お客様が望んでいるものを知ること」です。お客様が望んでいるものを知るために具体的な仕事の進め方を教えてくれているのが、「第三の問い　顧客の価値は何か」です。

対象とするお客様を決めるのは、事業を提供する側の勝手です。対象とするお客様を決めたからといって事業が成功するわけではありません。対象とするお客様から選んでいただいて初めて、事業が事業として成り立ちます。

では、対象とするお客様から選ばれるためにどうすればいいのでしょうか。

まずは、**お客様が望んでいることを知り尽くすことです。**お客様を知り尽して、初めて自分たちはどのように仕事を進めていけばいいのかがわかり、何をどうすれば喜んでいただけるのかがわかるからです。こうして初めて、自分たちが対象とするお客様から選んでいただけるようになります。

選んでもらう人を増やすためには、現在のお客様だけでなく、まだお客様になっていない人々についても考えていく必要があります。なぜなら、現在のお客様よりも、まだお客様になっていない人々のほうが圧倒的に数が多いからです。事業に影響を及ぼすような大きな変化は、お客様になっていない人々から生まれます。お客様になっていない人々は、それだけ市場に対する影響力が強いのです。だから、お客様になっていない人々へしっかり関心を注がなければならないのです。経営チームで次の問いに対する答えを意思決定してください。

- われわれが事業の対象者とする人（会社）が望んでいることは何か？
- われわれの事業を共に進めてくれる人（会社）が望んでいることは何か？
- われわれの顧客から学ぶべきことは何か？

第四の質問「われわれの成果は何か」

お客様のニーズを十分に理解できたら、次に行うことは「成果を決めること」です。それを教えてくれているのが、「第四の問い　われわれの成果は何か」です。

「御社の成果は何ですか？」

お客様にこう尋ねると、「売上げ以外に何があるのですか？」と聞き返されることがあります。しかし、売上げだけを成果としてしまうと、社員は「売上げのためだけに仕事をしている」ことになってしまいます。

私たちはつい、組織内部の事情や都合に関心が引っ張られてしまいます。ややもすれば、成果の内容も自分たちの事情や都合にしてしまいがちです。その典型的な成果の例が売上げです。

どんな事業もお客様のために存在しています。ゆえに、**お客様のためになって初めて、「成果」と言える**のです。映画であれば「面白かった」と思ってもらうことであり、本であれば「役に立った」と思ってもらうことであり、飲食店であれば「美味しかった」と思ってもらうことです。成果とは、使命に対する貢献度合いであり、お客様に起こる良い変化の内容です。

では、何をもって成果とするか。それが決まったならばその成果をモニターしていきましょう。

多くの会社が自社の事業を見直そうと思うのは、売上が落ち始めたときです。その際に必要なのは、自分たちの事業によって、「**お客様の何が良くなったか**」「**お客様がどのように良くなったか**」「**お客様はどれだけ良くなったか**」といったことをモニターしていくことです。

そうすれば、打つべきときに打つべき手が打てて、漠然と事業を進めてしまうようなことにはなりません。部下の成長を願わない上司はいません。人は仕事を通して成長します。「**何を成果とするか**」が部下の行動を決定づけるのです。経営チームで次の問いに対する答えを意思決定してください。

- われわれは成果をどのように定義しているか？
- われわれは成果をあげることに成功しているか？
- われわれが成果とすべきものはどのように変化するだろうか？

第五の質問「われわれの計画は何か」

あげるべき成果が決まったら、次に行うことは「計画を立てること」です。それを教えてくれているのが、「第五の問い　われわれの計画は何か」です。計画は、数字を入れればいいというものでもありませんし、エクセルでスケジュールの線を引くことでもありません。計画を立てるということは、「**事業を底上げするための目標を立てる**」ということです。目標とは、自社が目指すべき旗印です。ドラッカーは、著作『The Five Most Important Questions』で行うべきことを、廃棄、集中、イノベーション、リスクと4つ挙げています。また、『マネジメント』では、8つの領域において目標が必要であると言っています。ここでは、その8つのことをお伝えします。

ドラッカーは、『マネジメント』でこう言っています。

「事業は、顧客を創造することができなければならない。したがって、マーケティングについて目標が必要である。事業は、イノベーションすることができなければならない。さもなければ、誰かに陳腐化させられる。したがって、イノベーションについての目標が必要である。あらゆる事業が経済学でいう三つの生産要素、人、金、物に依存している。したがって、それらのものの獲得と利用についての目標が必要である。事業が発展を続けるには、生産性を向上させていかなければならない。したがって、生産性の目標が必要である。さらには、事業が社会の中に存在する以上、社会的責任を果たさなければならない。したがって、社会的責任についての目標が必要である。そして最後に利益が必要である。」（『マネジメント』）

①マーケティングの目標
②イノベーションの目標
③人材の目標
④経済的資源の目標
⑤物的資源の目標

⑥生産性の目標
⑦社会的責任の目標
⑧必要条件としての利益

顧客とは喜んでくれる人です。事業は喜んでくれる人を増やしていかなければなりません。したがって、喜んでくれる人をどれだけ増やすのか、喜んでくれる人をどうやって増やすのかという目標が必要です。

顧客はすぐに飽きてしまいます。事業は、顧客の新しい満足を創り出していかなければなりません。競争相手が顧客の新しい満足を創り出せば、今行っていることは時代遅れになってしまいます。したがって、顧客の新しい満足を創り出す目標が必要です。

事業はヒト、カネ、モノという資源なくして成り立ちません。したがって、資源をどう手に入れるか、それらの資源をどう活用するかという目標が必要です。事業が発展を続けるには、使った労力に対する得られる成果を高めていかなければなりません。したがって、生産性の目標が必要です。

さらには、事業活動の派生で社会に迷惑をかけるようなことがあってはなりません。したがって、社会的責任についての目標が必要です。来期も再来期も、事業をもっともっといいものにしていくためにはいろいろお金がかかります。来期の費用、再来期の費用を持っておくため利益が必要です。これら8つの分野の一つひとつの詳しい内容については、第7章の「これが、経営チームの仕事」で詳しくお伝えいたします。

「チームが一夜にして成らず」なら、「最も重要な5つの質問も一夜にしてできず」です。

ここまでくれば、経営チームとして強い基盤ができ上がっています。

POINT

●共通の考えによって仕事上の協力関係を生み出す。
●「最も重要な5つの問い」で経営の根幹を問いただす。

トップは自分の役割を決める

不得手な仕事に口を挟まず、得意な仕事を担当する

洗練されたデザインと強力な吸引力の掃除機で有名なダイソン。創業者は、ジェームス・ダイソンです。彼の役職はＣＥＯですが、経営チームをつくり、マネジメントはそのメンバーに任せ、自分自身は開発の仕事を担っています。社内では自分のことを社長ではなく開発チーフと呼ばせています。

ドラッカーは、『イノベーションと企業家精神』でこんな事例を紹介しています。

アメリカの科学者、エドウィン・ランドという人がいました。ランドは、アイデアが浮かぶと、さまざまな実験を行い、仲間とブレーンストーミングをし、時には、寝食を忘れて18日間着替えずに研究を続けたこともある研究熱心な科学者でした。骨惜しみをしない根っからの研究家で、同じ研究肌の人と働くことを楽しみ、ポラロイドカメラというインスタントカメラなどを発明しました。会社創立後の十数年は、創業者であるランド自身が会社の運営にあたっていました。しかし、自分が事業に貢献できるのは研究をすることだと考え、事業が成長したあとは、経営チームをつくって会社のマネジメントは他の人間に任せていました。

アメリカの実業家、レイモンド・クロックは、もともとミルクセーキ用ミキサーの営業マンでした。彼はミキサーを売る目的で、マクドナルド兄弟が経営していた小さなレストランを訪れました。そして、彼らがやっていた極めて効率のいいお店の運営に魅せられました。クロックは、マクドナルドという名前を使って、ハンバーガーチェーンを拡大していきました。彼は81歳で他界するまで社長を務めていましたが、自分は毎週2~3軒の店舗回りをし、商品の品質やお店の清潔さやスタッフの接客などを点検することを自分の仕事とし、経営の仕事は経営チームに任せていました。

本田宗一郎氏は、経営の仕事を担ってくれる人が現れるまで事業を本格化しませんでした。本田氏はエンジンの開発と車をつくること以外は何もやらないと決めていました。この決意が、ホンダを成功に導きました。

ある建材商社の創業者は、自分の役割はマネジメントすることではなく、200カ所の営業所の所長たちをフォローすることだと考えました。その会社の事業運営を行っていたのは、営業所の所長でした。営業所長は、原料の仕入れ、品質の管理、支払に関する手続き業務など、本社にやってもらっていました。しかし営業に関する仕事はすべて本社の手を借りずに、自分たちで行っていました。地域ごとに営業マン1名とトラックの運転手2名を配置し、事業の運営は、営業所長自身が行っていました。この会社の事業の繁栄は、営業所長たちの働きぶりにかかっていました。この建材商社の社長は、1カ月のうち約15日は、営業所長たちと半日をともに過ごし、仕事の状況について話し合うことを自分の仕事にしていました。他の建材商社と違ったのはこれだけで、その他はすべて他の建材商社と同じでした。しかし、社長の働きによって競争相手よりも3倍から4倍の速さで成長していきました。

ダイソンのCEOは開発を、建材商社の創業者は営業所長のフォローを、ポラロイドカメラを開発したエドウィン・ランドは研究を自分の仕事としていました。そして、ハンバーガーチェーンを世界に普及したレイモンド・クロックは店舗回りを、本田氏はエンジンの開発と車を造ることを自分の仕事としていました。

「それぞれの強みに応じて、誰がいずれの活動を担当すべきか、誰がどの活動に向いているかを検討しなければならない。こうしてようやくトップマネジメントチームが構築される。この時、創業者といえども、人事が得意でなければ口を挟まないよう慎まなければならない。」（『イノベーションと企業家精神』）

アメリカ最大の自動車メーカーGM（ゼネラル・モーターズ）は、その時々の経営チームのメンバーの得意なこと、得意でないことによって仕事の分担を決めていました。また、GE（ゼネラル・エレクトリック）は、2人で経営にあたるということにしていましたが、1人が最終意思決定の権限を持ち、ほかの2人は同等の地位として、3人で経営にあたる体制に変えていきました。1人が人材の採用と育成といった人事面など社内のマネジメントの一切を担い、もう1人は新規事業の開発など、事業全体をマネジメントするという役目で進めていました。

社長というと、あらゆる権限をもって組織全体を監督することであるかのように考えてしまいます。以上の事例でおわかりいただけたとおり、成功した企業は必ずしもそうではありません。成功した企業のトップは、自分が最も貢献できる仕事を選び、その仕事を自分の役割と決めているのです。御社もさらなる成功のために、ご自身の強み、それぞれの強みに応じて、誰がいずれの活動を担当すべきかについて決めてください。

POINT

●経営チームは、それぞれ得意な仕事を担当する。

●やりたい仕事ではなくやるべき仕事を明らかにする。

3

成果をあげるための活動を決める

何が起こると大きなダメージを被るか

ドラッカーは、「いかなる分野において成果があがらないとき、致命的な損害を被るかについて考えよ」言っています。

１９７０年代、ニューヨークは不況に陥り、１００万人がニューヨークから出ていってしまいました。そして、１９７７年、ニューヨークは７日間停電になり、原因は不明で復旧の見通しなしという非常事態宣言が発令されました。

この停電によって、病院の機能は停止し、観覧車に乗っていたお客は宙づりのままとなりました。スーパーで起こった略奪は約２０００件、ニューヨークはそのとき、まさに地獄そのものだったと言われています。

ニューヨークを襲ったその大停電は、当時成功していた多くの証券会社を破綻に追いやりました。しかし、その一方、当時まだ小さな証券会社に過ぎなかったメリル・リンチは業績を大きく伸ばし、大手に成長しました。同じ状況で同じ業種でありながら、かたや破綻に追いやられ、かたや伸びていった、その差はどこにあったのでしょうか。また、多くの証券会社がやらずメリル・リンチだけがやっていたこととはいったい何だったのでしょうか。

メリル・リンチは、顧客の注文情報のバックアップにかなりの労力と費用をかけていました。それに対し、他の多くの証券会社は、顧客の注文情報のバックアップに労力も費用もかけませんでした。

ドラッカーはこう言っています。

「いかなる分野において成果があがらないとき、致命的な損害を被るか？」

この問いは、「**わが社はどんな仕事がうまくいかなくなると取り返しのつかないことになるかということについて考えよ**」という意味です。

メリル・リンチは、その視点で自分たちの事業を考えたために、「顧客の注文情報を管理する分野において成果があがらないとき致命的な損害を被る」ということが見えたのです。だから、具体的な手を打てたのです。一方、多くの証券会社は事業の急所に対して完全に無防備のままでした。

同じ状況下で、破綻した会社と発展した会社の命運を分けたものは、**「いかなる分野において成果があがらないとき、致命的な損害を被るか？」**という視点で事業を考えたかどうかだけの違いです。

「いかなる分野において成果があがらないとき、致命的な損害を被るか？」という視点で事業を考えてみてください。必ずやるべきことが見えてきます。

これでは組織で成果があげられない

日本ハムはアメリカ、ヨーロッパ、オーストラリア、アジアで事業を展開し、ハム・ソーセージの分野で業界首位の大手食品加工メーカーです。１９４２年に徳島県で徳島食肉加工場として設立され、１９６３年に現在の社名に改称しました。

同社では２００２年に牛肉の産地偽装が発覚しました。失った社会的信頼を取り戻すために、同社は当時食品業界では不可能とされていた工場見学を始めました。「ガラスばりの自分を見てください」という姿勢を目に見える形で示したのです。それは、失った信頼を取り戻すための重要な活動でした。

しかし、この施策は裏目に出ました。多くの人々が工場に見学に来たのに対し、ソーセージの量が足りなくなったのです。責任者が工場にソーセージを補充しようとすると、「スーパーでソーセージを買って下さるお客様が優先だ」ということで、補充されない日もありました。

「**会社にとって最も重要な活動は何か**」ということが、組織内部で共有されていない結果でした。

メリル・リンチと日本ハム、2つの対照的な事例が示すのは、成果をあげるための活動を決めなければ、成果をあげることができなくなってしまうということです。

POINT

- **成果をあげるための重要な活動を決める。**
- **成果をあげるための重要な取り組みを組織内で周知徹底する。**

経営チームの課題は会社の規模によって形が違う

会社の規模による経営チームの違い

経営チームとは、部署名ではありませんし、組織上、公式なものでもありません。また会社の規模によって、経営チームの形は違います。

一口に「会社」と言っても、その規模によって「中小企業」「中堅企業」「大企業」などと表現されています。企業規模の定義については、市場が国境を越えた今、細かな定義は大きな意味を持たないので詳しく解説しません。しかし、事業を成長させていくためには、経営チームは不可欠です。会社の規模によって経営チームの課題が異なるだけです。

それでは、会社の規模によって、どのように課題が異なるかをお伝えいたします。

①中小企業

中小企業は、顔を突き合わせながら事業にあたることができます。形式的な手続きもなく、力を合わせて仕事に取り組んでいくことができます。中小企業の場合、経営者は社長一人、その下はほぼ同列の文鎮型の組織です。社長以外に「取締役」という役職を持つ人がいる会社もありますが、ほとんどが「取締役兼○○部長」という肩書きで現場の仕事に専念しています。中小企業の経営チームは、社長のほか、経営者としての役職を持たない営業部長や経理課長が経営チームのメンバーになります。

中小企業の経営チームで押さえておくことは2つです。一つ目は、**自分でやった方が早いという短気を起こさず社員を育てていく**ことです、二つ目は、**社長は自分が得意としない仕事は絶対にやらない**ことです。

自分が得意としない仕事は、それを得意とする人に任せるようにしてください。「自分は重要な仕事を任せられているんだ」と思い、責任をもって仕事にあたってくれます。繰り返しになりますが、絶対に自分一人ですべてをしないようにしましょう。

②中堅企業

中堅企業は、中小企業の延長でもなく大企業の手前でもない微妙な領域に根を張っています。だいたいが二代目か三代目への世代交代期を迎えています。歴史を持つがゆえにベンチャーのような改革に社員が慣れていないため、変化への適応力は強いとは言えません。一方で、形式的な内部手続きを形成していかなければならない課題が山積しています。

中堅企業の場合、経営者は社長のほか数名の取締役がいます。中小企業と同じように、「取締役兼○○部長」という肩書きを持ち、取締役のほとんどが現場の仕事に追われています。そのため取締役は経営チームの仕事に貢献することができません。これが、中堅企業の成長を減速させている最大の要因です。

したがって、中堅企業の経営チームで押さえておくことは3つです。一つ目は、**経営メンバーの再編**です。古参の人間は動かせないと言っていたら会社は死んでしまいます。二つ目は、**事業を成長させるために不可欠な分野に責任者を立てること**です。そうしなければ、事業の成長に必要な手が打たれなくなり、事業の成長は減速していくだけです。三つ目は、**社長は得意としない仕事に口を挟まない**ことです。

③大手企業

大手企業は、事業の規模、抱える社員の数からして、中小企業の合衆国です。事業ごとに、経営チームが必要です。組織の大きさから、あらゆる仕事は正式なルートで進めなければならないため、意思疎通に多くの時間をとられます。「調整」という名の根回しに時間と労力を奪われます。気がついたときには官僚的な組織になっていて、お客様のことよりも組織の内部事情が優先されるようになり、社内手続きそのものが仕事となっています。

したがって、大手企業の経営チームが行うべきことは3つです。一つ目は**原点回帰**です。そのために前述した「5つの問いで経営の根幹を問いただす」ことを行ってください。二つ目は、**現場から疎くなっているトップは顧客の生の声を聞くことを仕事に組み込む**ことです。三つ目は、もはや人材育成ではなく、**社内に経営人材の育成機関を新設する**ことです。

一つ補足します。大手企業は組織も大きく、すでに仕事が複雑に絡み合っているため、融通の効く人間に仕事が集中します。その結果、一人の人間が多くの兼任を担うようになります。責任と権限が無法地帯となり、属人的な利便性に回帰していきます。一度は整えられた組織はこうして歪みはじめ、組織の力はいつの間にか低下していきます。兼任が多いのは、トップが挑戦を避けていることの表れです。将来、確実に事業の成長は減速するので、今のうちに組織の再編と人員の配置の見直しを行ってください。

兼任が多い組織は発展しない

1959年、ドラッカーが初来日した際、神奈川県箱根で3日間のセミナーが開催されました。そのセミナーに参加していた経営者は、ドラッカーに次のような質問をしました。

「部門の責任者と経営の兼任は可能ですか？」

ドラッカーはきっぱり「ノー」と言い、次のような補足を加えました。

「しかし、会社の規模による。会社全体に関わる責任と事業部長を任せるのは好ましくない。なぜなら、会社の将来に対する仕事よりも、昨日かかってきた電話対応に追われるのが現実だ。事業部長は、事業部の仕事が重荷となって会社全体の責任を十分に果たせない。したがって、事業部の責任と会社全体の責任は、切り離して考えなければならない。経営者が将来の課題に取り組み、正しい方向へ進むためには、整えられた情報が必要だ。その情報を整えてくれるのが、今日言うところの経営企画部門なるものだ。ゼネラル・エレクトリックも経営企画部門を持っている。それは、現在とは関わりなく、会社の将来に取り組むという、まったく別の役割を担った部門だ。その部門の仕事は、一つの事実を経営者に報告するということではなく、将来への影響を予測するという具体的な考えを提供することだ。つまり、資料を提出するという形を通して経営者が必要とする情報を供給することによって、経営者がリスクに備えられるようにすることである。そのような資料が提供されたのちに、様々な検討の結果、将来の危険がかなり明らかにされていく。事業ごとにトップマネジメントチームが必要である。事業部には当然、事業部長がいる。ほとんどの企業が、事業部の運営を一人の事業部長に任せている。しかも、事業部長はプレイングマネジャーである。事業の運営は、一人でできるものではない。加えて事業部長は、経営陣の一人として名前を連ねている場合がある。その人に本来の仕事がつとまるはずがない。日々の仕事をこなすことで精一杯なはずだ。事業部長の負荷を軽くするために、最低三名で事業部を運営できる状態をつくってあげていただきたい。一人の事業部長に事業部を任せているのであれば、ぜひ事業部ごとにトップマネジメントチームをつくっていただきたい。もちろん責任者は一人である」

一日も早く今の仕事を後任に引き継がせ、兼任の呪縛から解き放ってあげてください。事実、ここをクリアした会社は発展しています。ドラッカーはこう言っています。

「事業部を担当する者はトップマネジメントの仕事を行うには忙しすぎる。そのためトップマネジメントとしての貢献は何らできない。トップマネジメントの責任を担う者は、トップマネジメントの仕事ではない責任を担わなくてもよいようにする必要がある。トップマネジメントのメンバーとなった者は、それまで担当していた仕事からは完全に手を引かなければならない。誰かに引き継いでしまわなければならない。さもなければ、いつまでたっても現在の仕事から足を洗うことはできない。」（『イノベーションと企業家精神』）

繰り返します。経営チームを再編し、必要な部署を新たにつくり、「**凡人をして非凡なことがなされる**」ような陣容づくりに着手してください。経営チームを再編したあとの第一歩は、「5つの問いで経営の根幹を問いただす」です。

POINT

- **会社の規模によって、経営チームの形は違う。**
- **兼任が多い組織は発展しない。**

第6章のまとめ

- 共通の考えによって仕事上の協力関係を生み出す。
- 「最も重要な5つの問い」で経営の根幹を問いただす。
- トップは、自分がやりたい仕事ではなく、自分がやるべき仕事を明らかにする。
- 成果をあげるための重要な活動を決めて、周知する。
- 会社の規模によって、経営チームの形は異なる。
- 兼任が多い組織は発展しない。

SUMMARY

CHAPTER7

第7章
これが、経営チームの仕事

「トップマネジメントが行うべき具体的な仕事は組織によって異なる。仕事の種類は同じでも、具体的な仕事の内容は組織それぞれに特有である。組織の目的、目標、戦略、活動によって異なる。」(『マネジメント』)

—1—

経営チームが行うべき仕事は会社によって違う

第6章では「経営チームのつくり方」についてお伝えしました。第7章では「経営チームの仕事」についてお伝えします。

事業の成功に唯一の正解はない

私は、月に1回お客様を訪問し、経営チームの方々とドラッカーの教えに取り組むお手伝いをさせていただいています。その活動の傍ら、講演をさせていただく機会もあります。ある講演で、ドラッカーの教えを実践して成果をあげた会社を何社か紹介させていただいたことがあります。そのとき、講演に参加していた人からこんな質問をいただいたことがあります。

「どうやって成功したか教えてください」

私は、すぐに質問の真意がつかめませんでした。あとになって、その人が言った質問の真意がわかりました。その方は「こうすればうまくいくという一つの方法がある」と思い、それを知りたかったのです。

地球にはいろいろな国があります。国によって、文化、習慣、法律、税制などすべて違います。これまで発展してきた国は、同じやり方で発展したわけではありません。それぞれの国が、それぞれの考え方で、それぞれのやり方で発展してきたのです。

会社も同じです。会社によって、文化、習慣、社則、待遇などすべて違います。これまで成功してきた会社は、同じやり方で成功したわけではありません。**どこかに、「こうすればうまくいくという一つの方法がある」ということではありません。**ある会社が、あるやり方で成功したからといって、「そのやり方をそのまま実行すれば同じように成功する」というものではないのです。それぞれの会社がそれぞれのやり方で成功したのです。

ドラッカーはこう言っています。

「トップマネジメントが行うべき具体的な仕事は、組織によって異なる。仕事の種類は同じでも、具体的な仕事の内容は個々の組織それぞれに特有である。組織の目的、目標、戦略、活動によって異なる。」（『マネジメント』）

経営チームが行うべき具体的な仕事は、会社によって違います。会社によって事業の目的も、目標も、戦略も、活動も違います。どうすれば成功するかを考えるのが経営者の仕事です。

それでは、今から経営チームが行うべき仕事の種類をお伝えしていきますので、御社の経営チームが行うべき仕事の内容を経営チームで決めていってください。

まず、「しなくてはならない基礎工事」をやる

経営計画を立てるときに、最初にやるべきことがあります。それは「**何をやめるかを決めること**」です。

会社は、事業を絶えず進化させていかなければなりません。そのためには、新しい事業に投入する資金、新しいノウハウや知識、新しい人材育成、新しいシステムなどが必要になってきます。

そのようなことを十分に考え、新しい計画を立てたにも関わらず、その計画が忘れられてしまうのが現実です。その計画は思いつきだったからでしょうか。それとも、社員のやる気を引き出せる計画ではなかったからでしょうか。

そうではありません。ビルを建てるときは、必ず基礎を作ります。基礎を作るときは、まず地面を掘って基礎を組み入れます。それは「ビルを建てる前にしなくてはならない基礎工事」です。その基礎工事がなければ、そのビルがどんなに素晴らしい設計であったとしてもビルは建ちません。「**計画を建てる前にしなくてはならない基礎工事**」があるのです。

経営も同じです。計画が実行されない理由は、「しなくてはならない基礎工事」をしなかったからです。

では、「しなくてはならない基礎工事」とは何でしょうか。ドラッカーは次のように言っています。

「明日を実現するための第一歩が、昨日を廃棄することである。明日新しいことを行えるようになるための前提は、もはや生産的でないもの、陳腐なもの、陳腐化したものから自由になることである。」（『マネジメント』）

これまでの成功への執着を捨て去る

現在の仕事量を100とします。新しい仕事の量を20とします。現在の仕事に新しい仕事を加えれば、仕事量は120になります。頭では新しい仕事に取り組まなければならないことをわかっていても、現実に時間がないために新しい仕事に取り組めないのです。

これがドラッカーの言う「陳腐化したものの廃棄抜きに新しいことに取り組む計画は、いかなる成果も生むことはない」です。したがって、計画にあたって、新しいことをスタートさせるためには、まず古いものを捨てなければなりません。古いものを捨てること、それが、「しなくてはならない基礎工事」です。

経営チームの仕事は、組織の明日を創り出すことです。それを具体的な取り組みに置き換えると、「一人ひとりが新しいことに挑戦する状態をつくる」ということになります。なぜならば、目の前の仕事に追われている一人ひとりはどうしても日々の仕事に固定されがちだからです。

意図的に、一人ひとりが新しいことに挑戦する状態をつくり出さなければ、これまでと同じ仕事をこれまでと同じようにやっていくだけの軌道に陥ってしまいます。いわゆる、マンネリです。

ゆえに、経営チームの仕事は「**一人ひとりが新しいことに挑戦する状態をつくる**」ことに尽きます。一人ひとりが新しいことに挑戦する状態をつくること。それは、「**前例踏襲と無縁になること**」です。これまでの考え方、これまで行ってきたこと、これまでのやり方を捨てていくことです。

決断を先延ばしにしない

これまで会社を支えてきてくれたかつての花形商品やサービスをやめてしまうのは、言うほど簡単なことではありません。

しかし、これまでの成功に固執していては、これからの成功を築くことはできません。「いつか、そのときが来たら」と言って最終決断を先延ばしにしていると、あっと言う間に事業は失速してしまいます。**継続的に成長していくためには最終決断を先延ばしにしないこ**とです。

では、その最終決断のタイミングをどう測ればいいのでしょうか。ドラッカーはこう言っています。


「数年ごとに、あらゆるプロセス、製品、手続き、方針について、もしこれを行っていなかったとして、今わかっていることをすべて知りつつ、なおかつ、これを始めるかを問わなければならない。まったくしなかったならば、何が起こるかを考えればよい。何も起こらないが答えであるならば、明らかに結論は、その仕事をただちにやめよということになる。」（『経営者の条件』）

情報に距離と時間がなくなって久しい現代。時代の変化は、私たちが考えるよりも速いスピードで進んでいます。多くの会社は、これまで行ってきたことが通用しなくなったという新しい種類の課題に直面しています。このような時代、起こった変化を追いかけるだけでは、組織は力を消耗していくだけです。起こった変化に適応するよりも新しい事業の方向性を生み出していかなければなりません。

このような変化が止まない時代は、大変であると同時に、多くのチャンスを創り出すことができます。事業を継続的に成長させていくために、やめることの決定に取り組んでください。

POINT

●これまでの成功への執着を捨て去る。

●明日を実現するための第一歩は、昨日を廃棄することである。

8つの分野で目標を決める

目標をどう立てていけばいいか

立てた目標に対して前倒しで進んでいるか、予定通り進んでいるか、遅れているのかがわからなければ何も手を打てません。それがつかめてさえいれば、何らか手を打ち、目標達成に近づけていくことができます。そうすれば、まさに、「**目標が目に見える具体的なものになる**」です。

第6章で、「8つの分野で目標を決める」というお話をしました。ここから8つの分野の中身をお伝えします。

立てた目標に対して前倒しで進んでいるか、予定通り進んでいるか、遅れているのかがわからなければ何も手を打てません。それがつかめてさえいれば、何らか手を打ち、目標達成に近づけていくことができます。

経営目標をどのような視点で考え、何を決めていけばいいのでしょうか。

ドラッカーはこう言っています。

「この決定を実りあるものにする方法は一つしかない。八つの領域それぞれにおいて、測定すべきものを決定し、その測定の尺度とすべきものを決定することである。何を測定するかによって、注意を払うべきものが規定される。」（『現代の経営』）

今から8つの領域それぞれにおいて、測定すべきものを決定し、その測定の尺度とすべきものを決定していきましょう。

それでは、マーケティングの目標を決めることから始めます。

① マーケティングの目標

「事業は、顧客を創造することができなければならない。したがって、マーケティングについて目標が必要である。」

マーケティングは、お客様を理解し、商品やサービスをお客様に合わせ、おのずから売れるようにする取り組みです。経営チームで次の視点で検討し、意思決定してください。

- 伸ばすべき既存製品・サービスは何か
- 伸ばすべき既存市場・顧客は何か
- 現在の市場・顧客に必要とされる新製品・サービスは何か
- 開拓すべき新しい市場・顧客は何か
- 顧客が価値あるとするサービス（アフターサービス等）は何か

②　イノベーションの目標

「事業は、イノベーションすることができなければならない。さもなければ、誰かに陳腐化させられる。したがって、イノベーションについての目標が必要である。」

次にイノベーションの目標です。

社会の変化に先駆けて、事業を新しい次元に進化させていくことは、経営者の避けて通れない重要な課題です。「新しい事業を創り出す」といっても、お客様の新しいニーズにお応えしていくことであって、新しいことそのものに価値があるわけではありません。重要なのは、**どこまでもお客様のニーズにお応えしていく**ということです。

1962年、セコムは日本警備保障として設立されました。当時の従業員数はたった2名。その頃の日本にはまだ警備という事業はなく、その需要もありませんでした。実際、創業後3カ月間は営業で歩いても契約はゼロでした。警備業を見たことも聞いたこともないお客様からは、「知らない人に警備なんて任せられない」「知らない人に警備してもらうのはかえって不安だ」などと言われ、まったく相手にされませんでした。

創業から4年が過ぎた1966年、ようやく事業が軌道に乗り始めました。創業者の飯田亮氏は、これまで従業員の方々が体を張ってやってきた巡回警備を廃棄し、日本初の機械による警備システムに切り替える決断しました。

機械警備システムとは、建物にセンサーを設置し、異常を感知したセンサーの情報が電話回線を通じてセンターに送られ、警備員が駆けつけるというものです。当時、従業員全員が大反対したそうです。「なぜ順調に進んでいるのに今の事業を変えるのか？」「命をかけて警備をやってきたのになぜ機械に任せるのか？」「自分たちが信用できないのか？」従業員には、さまざまな想いがあったことと思います。

飯田氏は、事業を新しい次元に進化させようと挑んだのです。事業とは、社会の問題を解決していく強い意思を持ったひとつの生態系です。その生態系を進化させる取り組みをイノベーションと言います。それは、生まれていないニーズを生み出し、まだ満たされていないニーズを満たすことです。飯田氏は「イノベーションを失った組織はあっという間に衰退する」と言っています。現在セコムは、売上規模約7000億円、従業員約1万5000人、海外19カ国に事業展開する大企業となっています。いつの時代も新しい扉を開くのは、未来を描くリーダーの強い信念と勇気です。

私たちは、うまくいっているときにはうまくいっていることをそのまま続けてしまいがちです。ドラッカーは「未来において何かを起こすということは、新しい事業を作り出すということである。新しい経済、新しい技術、新しい社会についてのビジョンを、事業として実現するということである」と言っています。

新しい事業を作り出す取り組みとは、「**今行っている何かを変えること**」であり、「**今行っている何かをやめること**」です。経営チームで次の視点で検討し、イノベーションに取り組んでください。

- 目標の達成に必要な新製品と新サービスは何か？
- 新たに必要な新製品と新サービスは何か？
- 目標を達成し、かつ技術変化に備えるための製品の改善は何か？
- 目標を達成するために必要な新しいプロセスは何か？

③　人材の目標

「あらゆる事業が経済学でいう三つの生産要素、人、金、物に依存している。したがって、それらのものの獲得と利用についての目標が必要である。」

社会は常に変わります。社会が変われば、市場が変わります。市場が変われば、お客様のニーズが変わります。お客様のニーズが変われば、仕事の内容が変わります。仕事の内容が変われば、求められる能力が変わります。求められる能力が変われば、必要な人材と必要な訓練の内容も変わります。

したがって、「採用」「配置」「育成」は一つひとつをバラバラに扱うのではなく、体系的に取り組んでいかなければなりません。

あらゆる企業にとって、優れた人材を採用することは極めて重要な課題です。優れた人材とは、「頭が良くて、性格が良くて、上の言うことを素直に聞いてくれて、真面目に仕事をしてくれる人」ではありません。優れた人材とは、「**わが社の事業の繁栄に必要な人**」、です。

アップルは2001年にiPodを世に送り出し、その事業に成功しました。そのときすでに、アップルはiPhoneの開発をスタートしていました。アップルはパソコンをつくっていた会社ですから、当時はまだ電話の技術に詳しい人間はいませんでした。iPhoneを開発するために、アップルに必要だったのは「電話の技術に詳しい人材」でした。

このように、会社の将来を描き、事業をどう進化させていくかが明確であれば、必要な人材は、おのずと明らかになります。

採用にまつわる、応募内容の策定、応募情報の掲載等、それらの実務は人事の担当者ですが、どんな人材が必要かを決めるのは、経営チームの仕事です。

すでに、第6章でお伝えした「5つの問い」によって、あなたは会社の将来を描き、事業をどう進化させていくかが明確になったと思います。

現在と将来に必要な人材を確保し、育成していくために、次のことに取り組んでいきましょう。一つひとつの問いに対する答えを経営チームで意思決定してください。

(1)採用

- マーケティングとイノベーションの目標達成のために、われわれが必要とする人材を引きつけ、かつ引き止めておくには、わが社の仕事をいかなるものとしなければならないか
- マーケティングとイノベーションの目標達成のために、労働市場で獲得できるのはいかなる人材か。それらの人材を惹きつけるには、わが社は何をしなければならないか

(2)配置

・マーケティングとイノベーションの目標達成のために、部下を事業全体の目標達成にいかに方向づけるか

・マーケティングとイノベーションの目標達成のために、部下の仕事をいかなるものに設計するか（仕事の幅と大きさ、責任と権限を最大化する）

(3)育成

・マーケティングとイノベーションの目標達成のために、組織の文化を向上させるには何をなすべきか（働きがいのある仕事、評価・昇進、人事の決定）

・マーケティングとイノベーションの目標達成のために、人材を育成するにはいかなる取り組みが必要か

④　経済的資源の目標

「あらゆる事業が経済学でいう三つの生産要素、人、金、物に依存している。したがって、

それらのものの獲得と利用についての目標が必要である。」

事業は、成功すると資金の限界を無視して成長していきます。資金に心配がなかったはずなのに、突然、財務がおかしくなることがあります。事業はうまくいけばいくほど、現金が必要になってきます。エクセル上の試算ではなく、前もって必要な手が打てるようにキャッシュフローを見ていってください。次の一つひとつの問いに対する答えを経営チームで意思決定してください。また、ＣＦＯ（最高財務責任者）に任せてください。

- マーケティングとイノベーションの目標達成のために、資金をいかに調達するか
- マーケティングとイノベーションの目標達成のために、資金をいかに有効に活用するか
- マーケティングとイノベーションの目標達成のために、資金計画をいかなるものにするか

⑤ 物的資源の目標

「あらゆる事業が経済学でいう三つの生産要素、人、金、物に依存している。したがって、それらのものの獲得と利用についての目標が必要である。」

マーケティングとイノベーションの目標を達成するために、物的資源の目標について、次の視点で意思決定してください。

- いかに経営資源（重要な原材料、部品、製品、情報等々）を調達するか
- 取引先、パートナー、協力者の開拓・育成・関係強化はいかなるものにするか
- 事業目標を達成するために資金をいかに調達・運用するか

⑥ 生産性の目標

「事業が発展を続けるには、生産性を向上させていかなければならない。したがって、生産性の目標が必要である。」

事業を発展させるためには、昨日まで行っていた卓越した仕事を現在は普通に行える仕事にしていかなければなりません。費やした労力の総和を超えるものを生む力を高めていくために、経営チームで次のことを話し合い、意思決定してください。

- 人、物、資金を最大限活用するために、新たにどんな知識を獲得する必要があるか
- 一人あたり売上高利益率、延べ労働時間当たり産出数量、産出金額等々
- 仕事の生産性を高めるために、物的資源の生産性を高める取り組み

⑦ 社会的責任の目標

「さらには、事業が社会の中に存在する以上、社会的責任を果たさなければならない。したがって、社会的責任についての目標が必要である。」

- 自分たちの行っていることが社会に対して、悪い影響となったり、環境に負担を掛けていたりすることはないか。それを軽減するにはどうするか

・自分たちの専門性や持てる資源によって、社会に貢献できることは何か

⑧　必要条件としての利益

「そして最後に利益が必要である。」

ここまでお伝えしたマーケティングから社会的責任までの7つの領域における目標を徹底的に検討し、設定して初めて、「どれだけの利益が必要か」との問いに取り組むことができます。

POINT

●8つの分野で決めた目標を経営チームで分担する。
●目標の中心となるのはマーケティングとイノベーション。

3

最善を尽くす願望を起こさせる

「個人目標」と「勝手目標」

御社も「目標管理」を導入していると思います。社員に目標を考えさせ、そして、目標管理シートに目標を書かせ、それを提出させていると思います。

目標管理シートに書いてもらっているのは「**個人目標**」でしょう。「個人目標」とはいえ、組織の一人として仕事をする以上、その目標は本来、組織全体の目標に向けられたものです。これが「個人目標」の前提です。

組織全体の目標に向けられていないものは、「個人目標」ではなく、「勝手目標」です。「勝手目標」とは、「もっとプレゼンがうまくなる」「マーケティング力を高める」「勉強会に積極的に参加する」といったもので、組織全体の目標達成とは直接関係ないものです。「勝手目標」をよしとしてしまえば、一人ひとりの力は組織全体の目標には向けられなくなってしまいます。こうなると、「私は私の目標があるから、君は君でがんばってね！」ということになり、一人ひとりの力はバラバラになってしまいます。また、「こちらの部署はこちらの部署の目標があるから、そちらの部署はそちらの部署でなんとかしてくださいよ」ということになり、一つひとつの部署の力はバラバラになってしまいます。これでは、仕事上の協力関係は生まれず、組織として成果をあげることはできません。

ところが、多くの企業で使われている目標管理シートには「勝手目標」が書かれていま す。組織として成果をあげられないならまだしも、もっと恐ろしいことがあります。それは、組織の力が低下していくことです。御社でもそんなことが起こっているかもしれません。**組織全体の目標と直接関係のない「勝手目標」をやめ、組織全体の目標達成に向けられた「個人目標」を設定してもらうようにしましょう。**

組織の力を低下させるもの

御社は、「目標管理」をどう運用しているのでしょうか。部下が設定した目標を上司が管理するものになっていませんか？

もしそうだとすると、それは人と組織の力をさらに低下させる危険なやり方です。実際、多くの会社が「部下が立てた目標を上司が管理し、その達成度合いで上司が部下を評価すること」になっています。「目標管理」といいながら、その実態は、単なる「評価制度」です。部下の立場からすれば、立てた目標を上司に提示することは、自分を評価させる武器を上司に与えていることに等しいわけです。

立てた目標に対する達成度合いで評価されてしまうわけですから、部下は不用意に高い目標を立てられません。高い目標を立ててその達成度合いが低ければ、自分の評価が下がってしまうからです。そこで働く一人ひとりは挑戦を警戒し、これまでと同じ仕事しかしたがりません。「目標管理」によって、挑戦する風土が弱まっていくとともに、組織はどんどん成果をあげる力を失っていきます。

目標とは言葉を換えれば「挑戦」です。そこに間違いや失敗が許される余地がなければ、誰も高い目標を立てて、挑戦しようと思わなくなってしまいます。「不用意に挑戦したくない」。これが多くの企業で起こっています。

ドラッカーが提唱した「目標による自己管理」

1954年に、ドラッカーは「**目標による自己管理**」を提唱しました。それは、「Management by objectives and self-control」で、「**自分で立てた目標を見ながら、その達成に向けて、自分の仕事を自分でどんどん改善していきましょう**」というものです。

現在、多くの企業が運用している「目標管理」とまったく違います。あなたは経営者として、「部下が自ら高い目標を立て、目標達成に向かって果敢に仕事をすること」を望んでいるはずです。そんな状態を創り出すのはどうすればいいのでしょうか？

ドラッカーはこう言っています。

「成果とはつねに成功することではない。そこには、間違いや失敗を許す余地がなければ

ならない。」（『マネジメント』）

「社員一人ひとりに挑戦を促しておきながら、失敗を許さない仕事なんて、成立しません」

こう語るのは、株式会社アサツーディ・ケイの創業者、稲垣正夫氏です。同社は、1956年に旭通信社として誕生しました。映画館で上映されている映画を一番最初にテレビで放送するようにしたのがアサツーディ・ケイです。時代を先取りしたサービスを築いてきた企業には、数限りない挑戦の積み重ねがあります。そこには組織で働く一人ひとりの挑戦があります。

その背景には、「全員経営」という方針があったそうです。「全員経営」とは文字通り、トップはもちろん、すべての社員が経営意識を持ち、役職名の上下の垣根なく、一丸となって仕事に取り組むことです。

挑戦する力を高める

アサツーディ・ケイは、立てた目標に対する結果だけで評価を決めることはせず、一つの集団として立てた目標の実現にあたっていったのです。こうして部下が達成したいと願う目標を自ら立て、目標達成に向かって果敢に仕事をする環境を築いていきました。

ドラッカーはこう言っています。

「自己目標管理の最大の利点は、自らの仕事ぶりをマネジメントできるようになることにある。自己管理は強い動機づけをもたらす。適当にこなすのではなく、最善を尽くす願望を起こさせる。」（『マネジメント』）

経営者の仕事は、「**一人ひとりが新しいことに挑戦する状態をつくる**」ことです。

適当にこなすのではなく、最善を尽くす願望を起こしてもらうために、挑戦する力を失う「目標管理」ではなく、**挑戦する力を高める「目標による自己管理」**を運用していきましょう。実際に、「目標による自己管理」を行えるように、今からその手順をお伝えします。会社全体の目標を、次の手順で「各部門の目標」「各部門長の目標」「各個人の目標」へと落とし込み、一人ひとりの目標を、会社全体の目標に方向づけされた状態をつくりあげていってください。そうすれば、御社の力はますます高まっていきます。

手順1　経営チームで組織全体の目標を決める、
↓
手順2　部門長が、組織全体の目標に向けられた部門目標を決める
↓
手順3　部門長が、部門目標に向けられた自分の目標を決める
↓
手順4　部門長が、部門目標に向けられた自分の目標を部門のメンバーに共有する
↓
手順5　部門のメンバー一人ひとりが、部門目標に向けられた自分の目標を決める

以上の手順を踏めば、一人ひとりの目標達成は部門の目標達成に方向づけられ、部門の目標達成は組織全体の目標達成に方向づけすることができます。

経営者の仕事は、組織の明日を創り出すことです。それは「**一人ひとりが新しいことに挑戦する状態をつくる**」ということです。

挑戦する力を失う「目標管理」ではなく、挑戦する力を高める「目標管理」を運用してください。そのために、間違いや失敗を許す余地をつくってください。

POINT

●「目標管理」の制度を見直しして、「目標による自己管理」の運用に切り替える。
●経営者の仕事は、一人ひとりが新しいことに挑戦する状態をつくること。

この4つが社員を混乱させている

何に注意を払わせ、何に関心を向けさせるか

組織全体の目標を決め、それを社員に周知し、部門目標と個人目標を決めたからといって、社員が目標に向かってすぐに動き出してくれるかというと、そうではありません。

ドラッカーは「組織には社員の働きを間違った方向に攪乱《かくらん》させるものが4つある」と言っています。その4つとは次の通りです

①手段の目的化

すべての社員がどこかの部署に所属し、その部署の中で仕事をしています。経営者は〝お

客様第一〟を宣言し、「お客様のために」と訴えます。同時に、社員に能力の向上を求めます。

ところが、いざ社員を評価するときになると、「どれだけ顧客に貢献できたか」「どれだけお客様に喜んでいただけたか」ということは問わず、「どれだけ会社に忠誠を尽くしたか」「どれだけ能力を高めたか」を基準に採点します。その結果、社員の関心は「顧客への貢献」よりも「会社への忠誠」に向けられ、社員の労力は「お客様の喜び」よりも「自分の能力向上」に注がれるようになります。

本来、「会社への忠誠」は「顧客への貢献」のためであり、「能力の向上」は「お客様の喜び」のためにあるものです。知らぬ間に起こる手段の目的化が、社員の働きを間違った方向に差し向けていきます。

②上司の何気ない一言

上司は、またその上の上司からいろいろな無理難題、様々な注文を一身に受けています。その注文の内容は、けっして目標に関することだけではなく、来客時の対応のことであったり、交通費精算の書き方のことであったりと、いろいろです。上司の責任として、必要なことは部下に伝えます。

部下からすれば、そのときの上司の言葉は立てた目標よりも重要なものとなって耳に響くことがあります。こうして、何カ月か前に提出した目標管理シートに書いた内容よりも、たった今聞いた上司の言葉が一番重要なものとなり、部下の仕事は目標から反れていきます。そして、評価の時期が巡ってきた頃には、何カ月か前に提出した目標管理シートの内容をもとに面談が行われます。

上司は部下を誤って方向づけしたとは思ってもみませんし、部下も上司によって誤って方向づけされたとも思っていません。こうして起こる認識の差が、社員の働きを間違った方向に差し向けていきます。

③組織における階層の違い

ある部署が仕事のやり方を改善したからといって、その改善がほかの部署にとっていいとは限らないことがあります。たとえば、これまで口頭でやり取りしていたものを仕事の正確性を高めるために書面でのやり取りに変えたり、不完全だった書式に記入欄を増やして改善を行った。その一方で、今まで口頭で済んでいたのに書類を起こさなければいけなくなったため面倒になった。書類に記入する欄が多くなって生産性が下がった。そのようなことはしばしばあるものです。

部署によって抱える課題も違えば、部署によってそれぞれの都合が違います。本部は本部としての物の見方と考え方があり、部は部として、課は課として、仕事の内容からやり方まで違います。

このように、組織の階層によって、何から何まで違いがあります。この違いが、人の認識に混乱を起こし、社員の働きを間違った方向に差し向けていきます。

④報酬制度

ある化学メーカーは、新製品を開発するため事業部に長期的な取り組みの指示を出しました。数年過ぎても新製品は出てきませんでした。事業部長は経営陣に対して、その製品は時期尚早だと主張し続け、新製品の開発に手をつけなかったのです。そして、新製品を出した競合他社に先を越されてしまいました。

経営陣の厳しい追及に対して、事業部長はこんな本音をもらしました。

「新製品の開発が会社にとって重要なのはわかっています。しかし、うちの会社のボーナスはその年の業績で決まりますよね。もし新製品の開発をスタートすれば、私の部下は、その年のボーナスが減ることになります。私は自分の部下に今年のボーナスをあきらめろ、と言えなかったのです」

これが、報酬制度による社員の働きを間違った方向に差し向けてしまう典型的な例です。

社員に間違った方向づけをしない努力

自動的に間違った方向づけをなくすことはできません。また、方向づけをなくす機械的な方法もありません。「間違った方向づけ」を丹念に探し出し、「間違った方向づけをなくす努力」地道に行っていく以外にありません。上司と部下で膝詰めの擦り合わせを行っていくしかありません。

立てた目標を実現するため、「社員を正しく方向づけする努力」だけでなく、**「社員を間違った方向づけをしない努力」**を経営チームの仕事の中に組み込んでください。

経営チームは、以上のようなことを踏まえた上で、会社全体のマネジメントにあたってください。

第1章でお伝えしたように、「経営は一人では不可能」です。第2章でご理解いただけたとおり、「成功した企業には経営チーム」があります。そして、第3章の「経営チームが守るべき6つのこと」を守っています。

経営チームがなければ、ぜひ第6章を参考にして、「経営チーム」をつくってください。御社がさらに繁栄していかれることをお祈りします。

最後に、ドラッカーの言葉を紹介して終わります。

「才能ではない。真摯さである。」

第７章のまとめ

- 経営計画ではまず、何をやらないかを決める。
- ８つの分野で決めた目標を分担する。
- これまでの成功への執着を捨て去る。
- 事業を新しい次元に進化させ、お客様の新しい満足を創り出す。
- 経営目標を最終的に社員一人ひとりの目標にする。
- 目標管理の制度を見直して、「目標による自己管理」の運用に切り替える。
- 一人ひとりが新しいことに挑戦する状態をつくる。

SUMMARY

おわりに　～人と社会を幸せにすることがマネジメント～

時代は変わっていきます。時代を変えるその主人公は今日も働くあなたであり、今日も奮闘するあなたの部下です。現実から得た教訓がやがて知識となります。知識を活用する人間によって、次の時代が創られていきます。

ドラッカーは『ポスト資本主義社会』の中でこう言っています。

「歴史は数百年に一度、際立った転換をする。しかし、変わるのは瞬間にではない。社会は数十年をかけて、次の新しい時代のために身繕いをする。」

現代がすでに新しい時代に入ったことは、きっとあなたもお感じになられていることと思います。しかし、時代は変わっても変わらないものがあります。

それは、幸福を願う人間の想いです。なぜ、国と国が争い、人と人が争うのか。どうすれば人を幸せにする社会を創ることができるのか。

「経済が良くなればすべて良くなる」という考えは、「お金持ちになれば幸せになれる」という人間の幻想です。

では、何が必要となるのか。これがドラッカーの問題提起です。

私たちは「マネジメント＝管理」だと習ってきました。そして、「マネジメントとは、人を動かすことだ」と教わってきました。しかし、そうではありません。

マネジメントとは、人と社会を幸せにするエンジンなのです。ドラッカーは『新しい現実』の中でこう言っています。

「マネジメントとは、人にかかわるものである。その機能は人が共同して成果をあげることを可能とし、強みを発揮させ、弱みを無意味なものにすることである。」

なぜ、会社にはマネジメントが必要なのでしょうか？　それは、会社が生き物だからです。生き続けるために、事業に生命をもたらし、組織に力を与えるものが必要だからです。

その役割を担う人こそが、経営者であり、そこで働く一人ひとりです。

では、会社が生き続けるためにどうすればいいのでしょうか？

会社が唯一生き続ける唯一の方法は、**他者を活かす**ことです。

他者を活かすとは、「**喜んでもらえる人を一人でも多く増やしていくこと**」です。ドラッカーは、それを「**顧客の創造**」と言いました。本書で述べてきた経営チームは、その手段にすぎません。

本書を通じて「喜んでもらえる人を一人でも多く増やしていくこと」にお役に立てれば、これほどうれしいことはありません。

ありがとうございました。

御社の繁栄を祈りつつ。

2016年1月吉日　山下淳一郎

【参考文献】（本書執筆にあたり、以下の著作を参考にし、一部を引用しました）

『産業人の未来』（ドラッカー著　上田惇生訳）ダイヤモンド社
『現代の経営』（ドラッカー著　上田惇生訳）ダイヤモンド社
『経営者の条件』（ドラッカー著　上田惇生訳）ダイヤモンド社
『マネジメント』（ドラッカー著　上田惇生訳）ダイヤモンド社
『P・F・ドラッカー　理想企業を求めて』（ドラッカー著　上田惇生訳）ダイヤモンド社
『イノベーションと企業家精神』（ドラッカー著　上田惇生訳）ダイヤモンド社
『非営利組織の経営』（ドラッカー著　上田惇生訳）ダイヤモンド社
『ポスト資本主義社会』（ドラッカー著　上田惇生訳）ダイヤモンド社
『傍観者の時代』（ドラッカー著　上田惇生訳）ダイヤモンド社
『ネクスト・ソサエティ』（ドラッカー著　上田惇生訳）ダイヤモンド社
『企業とは何か』（ドラッカー著　上田惇生訳）ダイヤモンド社
『ドラッカーの経営哲学』日本経営協会
『ドラッカー20世紀を生きて』（ドラッカー著　牧野洋訳）日本経済新聞出版社
『The Five Most Important Questions』（P.F.Drucker）Jossey-Bass 社
『MADE IN JAPAN』（盛田昭夫著）朝日新聞出版
『一勝九敗』（柳井正著）新潮社刊

【著者紹介】

山下淳一郎（やました・じゅんいちろう）

ドラッカー専門のマネジメントコンサルタント
トップマネジメント株式会社 代表取締役

1966年東京都渋谷区出身。22才のときに経営者の父に薦められてピーター・ドラッカーを知り、著書を読みはじめる。大学卒業後、外資系コンサルティング会社勤務時にドラッカーの教えを実践する支援を行う。独国フランクフルト、米国ミネソタ州ミネアポリスで勤務。その後、中小企業役員と上場企業役員を務める中で、ドラッカーが提唱する「経営にはチームが不可欠である」ことを痛感。現在はトップマネジメント代表取締役として、上場企業をはじめ、様々な業種にわたる企業の経営チームの構築から運営にドラッカーを活用するコンサルティングを行うほか、次期経営者育成を目的としたマネジメント教育に携わる。一般社団法人日本経営協会専任講師、淑徳大学経営学講師、デジタルハリウッド大学院大学客員教授、ダイヤモンドビジネスタレント派遣講師を務める。著書に『なぜ、あのガムの包み紙は大きいのか　ドラッカーに学ぶお客様を幸せにする会社の作り方』（KADOKAWA）がある。「ITmedia エグゼクティブ」で『ドラッカーに学ぶ、成功する経営チームの作り方』を連載。寄稿に『人材育成の教科書』（ダイヤモンド社）、『企業と人材』『経済界』『人事マネジメント』等。ドラッカー学会会員。

■トップマネジメント株式会社

大手企業、中堅企業の経営チームを支援するドラッカー専門のコンサルティング会社。「トップマネジメントチームの構築」「経営理念、ミッションの構築」「経営人材の育成」「次期経営者の育成」「経営計画の作成」を通じて、企業が将来にわたって繁栄する経営基盤を創る支援を行っている。
〈公式 URL〉 http://topmanagement.co.jp/

ドラッカーが教える 最強の経営チームのつくり方

2016年2月24日　初版発行

著　者　山下淳一郎
発行者　野村直克
発行所　総合法令出版株式会社
〒103-0001 東京都中央区日本橋小伝馬町15-18
ユニゾ小伝馬町ビル9階
電話 03-5623-5121（代）

印刷・製本　中央精版印刷株式会社

落丁・乱丁本はお取替えいたします。

ISBN 978-4-86280-489-1
総合法令出版ホームページ http://www.horei.com/

総合法令出版の好評既刊

経営

ドラッカー教授
『現代の経営』入門
グローバルタスクフォース 著
山本英嗣 監修

世界で初めて経営学を体系的にまとめたドラッカー経営学の原点にして、発刊後 60 年以上を経た現在でも様々な示唆を与える不朽の名著を読みこなすための入門書。巻末に「ドラッカーによる経営危険度チェック」付き。

定価(本体1800円+税)

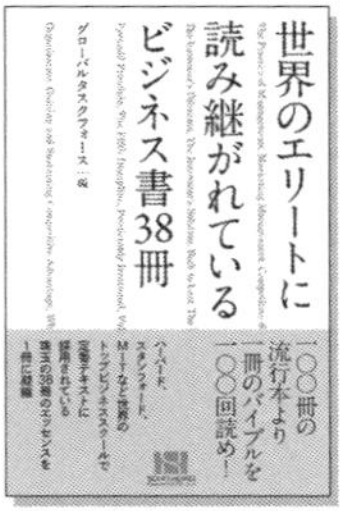

世界のエリートに読み継がれている
ビジネス書38冊
グローバルタスクフォース 編

世界の主要ビジネススクールの定番テキスト 38 冊のエッセンスを1冊に凝縮した読書ガイド。主な紹介書籍は、ドラッカー『現代の経営』、ポーター『競争の戦略』、クリステンセン『イノベーションのジレンマ』、大前研一『企業参謀』など。

定価(本体1800円+税)

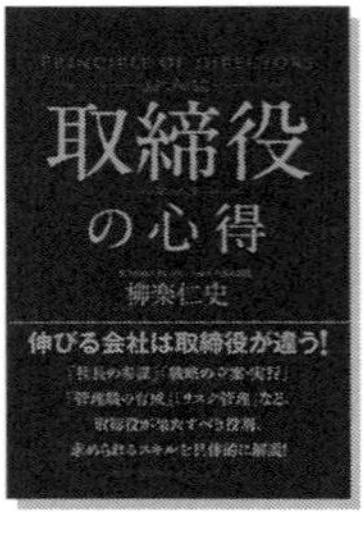

取締役の心得

柳楽仁史 著

社長の「右腕」として、経営陣の一員として、企業経営の中枢を担う取締役。取締役が果たすべき役割や責任、トップ(代表取締役)との関係のあり方、取締役に求められる教養・スキルなどについて具体例を挙げながら述べていく。

定価(本体1500円+税)